U0601463

嘉慶山陰縣志（外一種）1

紹興大典 史部

中華書局

圖書在版編目（CIP）數據

（嘉慶） 山陰縣志（外一種）/（清）徐元梅修；（清）朱文翰纂．－北京：中華書局，2023.12
（紹興大典・史部）
ISBN 978-7-101-16279-0

Ⅰ．嘉… Ⅱ．①徐… ②朱… Ⅲ．紹興－地方志－清代 Ⅳ．K295.53

中國國家版本館 CIP 數據核字（2023）第 126175 號

書　　名	（嘉慶）山陰縣志（外一種）
叢 書 名	紹興大典・史部
修　　者	〔清〕徐元梅
纂　　者	〔清〕朱文翰
項目策劃	許旭虹
責任編輯	梁五童
裝幀設計	許麗娟
責任印製	管　斌
出版發行	中華書局
	（北京市豐臺區太平橋西里38號 100073）
	http: // www. zhbc. com. cn
	E-mail: zhbc@zhbc. com. cn
印　　刷	天津藝嘉印刷科技有限公司
版　　次	2023年12月第1版
	2023年12月第1次印刷
規　　格	開本787×1092毫米　1/16
	印張131
國際書號	ISBN 978-7-101-16279-0
定　　價	1380.00元（全四册）

學術顧問（按姓氏筆畫排序）

編纂工作指導委員會

主　　任　盛閱春（二〇二二年九月至二〇二三年一月在任）
　　　　　温　暖　施惠芳　肖啓明　熊遠明

第一副主任　丁如興

副 主 任　陳偉軍　汪俊昌　馮建榮

成　　員（按姓氏筆畫排序）
　　　　　王静静　朱全紅　沈志江　金水法　俞正英
　　　　　胡華良　茹福軍　徐　軍　陳　豪　黄旭榮
　　　　　裘建勇　樓　芳　魯霞光　魏建東

編纂委員會

主　編　馮建榮

副主編　黄錫雲　尹　濤　王静静　李聖華　陳紅彦

委　員（按姓氏筆畫排序）

王静静　尹　濤　那　艷　李聖華　俞國林

陳紅彦　陳　誼　許旭虹　馮建榮　葉　卿

黄錫雲　黄顯功　楊水土

史部主編　黄錫雲　許旭虹

序

紹興是國務院公布的首批中國歷史文化名城，是中華文明的多點起源地之一和越文化的發祥、壯大之地。從嵊州小黄山遺址迄今，已有一萬多年的文化史；從大禹治水迄今，已有四千多年的文明史；從越國築句踐小城和山陰大城迄今，已有兩千五百多年的建城史。建炎四年（一一三〇），宋高宗駐蹕越州，取義「紹奕世之宏庥，興百年之丕緒」，次年改元紹興，賜名紹興府，領會稽、山陰、蕭山、諸暨、餘姚、上虞、嵊、新昌等八縣。元改紹興路，明初復爲紹興府，清沿之。

紹興坐陸面海，嶽峙川流，風光綺麗，物産富饒，民風淳樸，士如過江之鯽，彬彬稱盛。春秋末越國有「八大夫」佐助越王卧薪嘗膽，力行「五政」，崛起東南，威績戰國，四分天下有其一，成就越文化的第一次輝煌。秦漢一統後，越文化從尚武漸變崇文。晋室東渡，北方士族大批南遷，王、謝諸大家紛紛遷居於此，一時人物之盛，雲蒸霞蔚，學術與文學之盛冠於江左，給越文化注入了新的活力。唐時的越州是詩人行旅歌詠之地，形成一條江南唐詩之路。至宋代，尤其是宋室南遷後，越中理學繁榮，文學昌盛，領一時之先。明代陽明心學崛起，這一時期的越文化，宣導致良知、知行合一，重於事功，伴隨而來的是越中詩文、書畫、戲曲的興盛。明清易代，有劉宗周等履忠蹈義，慷慨赴死，亦有黄宗羲率其門人，讀書窮經，關注世用，成其梨洲一派。至清中葉，會稽章學誠等人紹承梨洲之學而開浙東史學之新局。晚清至現代，越中知識分子心懷天下，秉持先賢「膽劍精神」，再次站在歷史變革的潮頭，蔡元培、魯迅等人「開拓越學」，使紹興成爲新文化運動和新民主主義革命的重要陣地。越文化兼容並包，與時偕變，勇於創新，隨着中國社會歷史的變遷，無論其内涵和特質發生何種變化，均以其獨特、强盛的生命力，推動了中華文明的發展。

文獻典籍承載着廣博厚重的精神財富、生生不息的歷史文脉。紹興典籍之富，甲於東南，號爲文獻之邦。從兩漢到魏晋再至近現代，紹興人留下了浩如煙海、綿延不斷的文獻典籍。陳橋驛先生在《紹興地方文獻考録·前言》中説：「紹興是我國歷史上地方文獻最豐富的地方之一。」有我國地方志的開山之作《越絶書》，有唯物主義的哲學巨著《論衡》，有書法藝術和文學價值均登峰造極的《蘭亭集序》，有詩爲「中興之冠」的陸游《劍南詩稿》，有輯録陽明心學精義的儒學著作《傳習録》等，這些文獻，不僅對紹興一地具有重要價值，對浙江乃至全國來説，也有深遠意義。

紹興藏書文化源遠流長。歷史上的藏書家多達百位，知名藏書樓不下三十座，其中以澹生堂最爲著名，藏書十萬餘卷。近現代，紹興又首開國内公共圖書館之先河。光緒二十六年（一九〇〇），紹興鄉紳徐樹蘭獨力捐銀三萬餘兩，圖書七萬餘卷，創辦國内首個公共圖書館——古越藏書樓。越中多名士，自也與藏書聚書風氣有關。

習近平總書記强調，「我們要加强考古工作和歷史研究，讓收藏在博物館裏的文物、陳列在廣闊大地上的遺産、書寫在古籍裏的文字都活起來，豐富全社會歷史文化滋養」。黨的十八大以來，黨中央站在實現中華民族偉大復興的高度，對傳承和弘揚中華優秀傳統文化作出一系列重大决策部署。中共中央辦公廳、國務院辦公廳二〇一七年一月印發了《關於實施中華優秀傳統文化傳承發展工程的意見》，二〇二二年四月又印發了《關於推進新時代古籍工作的意見》。

盛世修典，是中華民族的優秀傳統，是國家昌盛的重要象徵。近年來，紹興地方文獻典籍的利用呈現出多層次、多方位探索的局面，從文史界到全社會都在醖釀進一步保護、整理、開發、利用紹興歷史文獻的措施，形成了廣泛共識。中共紹興市委、市政府深入學習貫徹習近平總書記重要指示精神，積極響應國家重大戰略部署，以提振紹興人文氣運的文化自覺和存續一方文脉的歷史擔當，作出了編纂出版《紹興大典》的重大決定，計劃用十年時間，系統、全面、客觀梳理紹興文化傳承脉絡，收集、整理、編纂、出版紹興地方歷史文獻。二〇二二年十月，中共紹興市委辦公室、紹興市人民政府辦公室印發《關於〈紹興大典〉編纂出版工作實施方案的通知》。自此，《紹興大典》編纂出版各項工作開始有序推進。

百餘年前，魯迅先生提出「開拓越學，俾其曼衍，至於無疆」的願景，今天，我們繼先賢之志，實施紹興歷史上前無古人的文化工程，希冀通過《紹興大典》的編纂出版，從浩瀚的紹興典籍中尋找歷史印記，從豐富的紹興文化中挖掘鮮活資源，從悠遠的紹興歷史中把握發展脉絡，古爲今用，繼往開來，爲新時代「文化紹興」建設注入强大動力。我們將懷敬畏之心，以古人「三不朽」的立德修身要求，爲紹興這座中國歷史文化名城和「東亞文化之都」立傳畫像，爲全世界紹興人築就恒久的精神家園。

是爲序。

溫暖

二〇二三年十月

前言

越國故地，是中華文明的重要起源地，中華優秀傳統文化的重要貢獻地，中華文獻典籍的重要誕生地。紹興，是越國古都，國務院公布的第一批歷史文化名城。編纂出版《紹興大典》，是綿延中華文獻之大計，弘揚中華文化之良策，傳承中華文明之壯舉。

一

紹興有源遠流長的文明，是中華文明的縮影。

中國有百萬年的人類史，一萬年的文化史，五千多年的文明史。中華文明，是中華民族長期實踐的積累，集體智慧的結晶，不斷發展的産物。各個民族，各個地方，都爲中華文明作出了自己獨具特色的貢獻。紹興人同樣爲中華文明的起源與發展，作出了自己傑出的貢獻。

現代考古發掘表明，早在約十六萬年前，於越先民便已經在今天的紹興大地上繁衍生息。二〇一七年初，在嵊州崇仁安江村蘭山廟附近，出土了於越先民約十六萬年前使用過的打製石器〔一〕。這是曹娥江流域首次發現的舊石器遺存，爲探究這一地區中更新世晚期至晚更新世早期的人類活動、

〔一〕陸瑩等撰《浙江蘭山廟舊石器遺址網紋紅土釋光測年》，《地理學報》英文版，二〇二〇年第九期，第一四三六至一四五〇頁。

華南地區與現代人起源的關係、小黄山遺址的源頭等提供了重要綫索。

距今約一萬至八千年的嵊州小黄山遺址〔一〕，於二〇〇六年與上山遺址一起，被命名爲上山文化。該遺址中的四個重大發現，引人矚目：一是水稻實物的穀粒印痕遺存，以及儲藏坑、鐮形器、石磨棒、石磨盤等稻米儲存空間與收割、加工工具的遺存；二是種類與器型衆多的夾砂、夾炭、夾灰紅衣陶與黑陶等遺存；三是我國迄今發現的最早的立柱建築遺存，以及石杵立柱遺存；四是我國新石器時代遺址中迄今發現的最早的石雕人首。

蕭山跨湖橋遺址出土的山茶種實，表明於越先民在八千多年前已開始對茶樹及茶的利用與探索〔二〕。距今約六千年前的餘姚田螺山遺址發現的山茶屬茶樹根遺存，有規則地分布在聚落房屋附近，特别是其中出土了一把與現今茶壺頗爲相似的陶壺，表明那時的於越先民已經在有意識地種茶用茶了〔三〕。

對美好生活的嚮往無止境，創新便無止境。於越先民在一萬年前燒製出世界上最早的彩陶的基礎上〔四〕，經過數千年的探索實踐，終於在夏商之際，燒製出了人類歷史上最早的原始瓷〔五〕；繼而又在東漢時，燒製出了人類歷史上最早的成熟瓷。現代考古發掘表明，漢時越地的窑址，僅曹娥江兩岸的上虞，就多達六十一處〔六〕。

中國是目前發現早期稻作遺址最多的國家，是世界上最早發現和利用茶樹的國家，更是瓷器的故

〔一〕浙江省文物考古研究所編《上山文化：發現與記述》，文物出版社二〇一六年版，第七一頁。
〔二〕浙江省文物考古研究所、蕭山博物館編《跨湖橋》，文物出版社二〇〇四年版，彩版四五。
〔三〕北京大學中國考古學研究中心、浙江省文物考古研究所編《田螺山遺址自然遺存綜合研究》，文物出版社二〇一一年版，第一一七頁。
〔四〕孫瀚龍、趙曄著《浙江史前陶器》，浙江人民出版社二〇二二年版，第三頁。
〔五〕鄭建華、謝西營、張馨月著《浙江古代青瓷》，浙江人民出版社二〇二二年版，上册，第四頁。
〔六〕宋建明主編《早期越窑——上虞歷史文化的豐碑》，中國書店二〇一四年版，第二四頁。

鄉。《（嘉泰）會稽志》卷十七記載「會稽之産稻之美者，凡五十六種」，稻作文明的進步又直接促成了紹興釀酒業的發展。同卷又單列「日鑄茶」一條，釋曰「日鑄嶺在會稽縣東南五十五里，嶺下有僧寺名資壽，其陽坡名油車，朝暮常有日，産茶絶奇，故謂之日鑄」。可見紹興歷史上物質文明之發達，真可謂「天下無儔」。

二

紹興有博大精深的文化，是中華文化的縮影。文化是一條源遠流長的河，流過昨天，流到今天，還要流向明天。悠悠萬事若曇花一現，唯有文化與日月同輝。

大量的歷史文獻與遺址古迹表明，四千多年前，大禹與紹興結下了不解之緣。大禹治平天下之水，漸九川，定九州，至於諸夏乂安，《史記·夏本紀》載：「禹會諸侯江南，計功而崩，因葬焉，命曰會稽。會稽者，會計也。」裴駰注引《皇覽》曰：「禹冢在山陰縣會稽山上。會稽山本名苗山，在縣南，去縣七里。」《（嘉泰）會稽志》卷六「大禹陵」：「禹巡守江南，上苗山，會稽諸侯，死而葬焉。……劉向書云：禹葬會稽，不改其列，謂不改林木百物之列也。苗山自禹葬後，更名會稽。是山之東，有隴隱若劍脊，西嚮而下，下有窆石，或云此正葬處。」另外，大禹在以會稽山爲中心的越地，還有一系列重大事迹的記載，包括娶妻塗山、得書宛委、畢功了溪、誅殺防風、禪祭會稽、築治邑室等。

以至越王句踐，「其先禹之苗裔，而夏后帝少康之庶子也，封於會稽，以奉守禹之祀」（《史記·越王句踐世家》）。句踐的功績，集中體現在他一系列的改革舉措以及由此而致的强國大業上。

他創造了「法天象地」這一中國古代都城選址與布局的成功範例，奠定了近一個半世紀越國號稱天下强國的基礎，造就了紹興發展史上的第一個高峰，更實現了東周以來中國東部沿海地區暨長江下游地區的首次一體化，讓人們在數百年的分裂戰亂當中，依稀看到了一統天下的希望，爲後來秦始皇統一中國，建立真正大一統的中央政權，進行了區域性的準備。因此，司馬遷稱：「苗裔句踐，苦身焦思，終滅强吴，北觀兵中國，以尊周室，號稱霸王。句踐可不謂賢哉！蓋有禹之遺烈焉。」

千百年來，紹興涌現出了諸多譽滿海内、雄稱天下的思想家，他們的著述世不絶傳，遺澤至今，他們的思想卓犖英發、光彩奪目。哲學領域，聚諸子之精髓，啓後世之思想。政治領域，以家國之情懷，革社會之弊病。經濟領域，重生民之生業，謀民生之大計。教育領域，育天下之英才，啓時代之新風。史學領域，創史志之新例，傳千年之文脉。

紹興是中國古典詩歌藝術的寶庫。四言詩《候人歌》被稱爲「南音之始」。於越《彈歌》是我國文學史上僅存的二言詩。《越人歌》是越地的第一首情歌、中國的第一首譯詩。山水詩的鼻祖，是上虞人謝靈運。唐代，這裏涌現出了賀知章等三十多位著名詩人。宋元時，這裏出了别開詩歌藝術天地的陸游、王冕、楊維楨。

紹興是中國傳統書法藝術的故鄉。鳥蟲書與《會稽刻石》中的小篆，影響深遠。中國的文字成爲藝術品之習尚；文字由書寫轉向書法，是從越人的鳥蟲書開始的。而自王羲之《蘭亭序》之後，紹興更是成爲中國書法藝術的聖地。翰墨碑刻，代有名家精品。

紹興是中國古代繪畫藝術的重鎮。世界上最早彩陶的燒製，展現了越人的審美情趣。「文身斷髮」與「鳥蟲書」，實現了藝術與生活最原始的結合。戴逵與戴顒父子、僧仲仁、王冕、徐渭、陳洪綬、趙之謙、任熊、任伯年等在中國繪畫史上有開宗立派的地位。

一九一二年一月，魯迅爲紹興《越鐸日報》創刊號所作發刊詞中寫道：「於越故稱無敵於天下，海岳精液，善生俊異，後先絡繹，展其殊才；其民復存大禹卓苦勤勞之風，同句踐堅確慷慨之志，力作治生，綽然足以自理。」可見，紹興自古便是中華文化的重要發源地與傳承地，紹興人更是世代流淌着「卓苦勤勞」「堅確慷慨」的精神血脉。

三

紹興有琳琅滿目的文獻，是中華文獻的縮影。

自有文字以來，文獻典籍便成了人類文明與人類文化的基本載體。紹興地方文獻同樣爲中華文明與中華文化的傳承發展，作出了傑出的貢獻。

中華文明之所以成爲世界上唯一没有中斷、綿延至今、益發輝煌的文明，在於因文字的綿延不絶而致的文獻的源遠流長、浩如煙海。中華文化之所以成爲中華民族有别於世界上其他任何民族的顯著特徵並流傳到今天，靠的是中華兒女一代又一代的言傳身教、口口相傳，更靠的是文獻典籍一代又一代的忠實書寫、守望相傳。

無數的甲骨、簡牘、古籍、拓片等中華文獻，無不昭示着中華文明的光輝燦爛、欣欣向榮，無不昭示着中華文化的廣博淵綜、蒸蒸日上。它們既是中華文明與中華文化的基本載體，又是中華文明與中華文化的重要組成部分，是十分重要的物質文化遺産。

紹興地方文獻作爲中華文獻重要的組成部分，積澱極其豐厚，特色十分明顯。

（一）文獻體系完備

紹興的文獻典籍根基深厚，載體體系完備，大體經歷了四個階段的歷史演變。

一是以刻符、紋樣、器型爲主的史前時代。代表性的，有作爲上山文化的小黄山遺址中出土的彩陶上的刻符、印紋、圖案等。

二是以金石文字爲主的銘刻時代。代表性的，有越國時期玉器與青銅劍上的鳥蟲書等銘文、秦《會稽刻石》、漢「大吉」摩崖、漢魏六朝時的會稽磚甓銘文與會稽青銅鏡銘文等。

三是以雕版印刷爲主的版刻時代。代表性的，有中唐時期越州刊刻的元稹、白居易的詩集。唐長慶四年（八二四），浙東觀察使兼越州刺史元稹，在爲時任杭州刺史的好友白居易《白氏長慶集》所作的序言中寫道：「揚、越間多作書模勒樂天及予雜詩，賣於市肆之中也。」這是有關中國刊印書籍的最早記載之一，説明越地開創了「模勒」這一雕版印刷的風氣之先。宋時，兩浙路茶鹽司等機關和紹興府、紹興府學等，競相刻書，版刻業快速繁榮，紹興成爲兩浙乃至全國的重要刻書地，所刻之書多稱「越本」「越州本」。明代，紹興刊刻呈現出了官書刻印多、鄉賢先哲著作和地方文獻多、私家刻印特色叢書多的特點。清代至民國，紹興整理、刊刻古籍叢書成風，趙之謙、平步青、徐友蘭、章壽康、羅振玉等，均有大量輯刊，蔡元培早年應聘於徐家校書達四年之久。

四是以機器印刷爲主的近代出版時期。這一時期呈現出傳統技術與西方新技術並存、傳統出版物與維新圖强讀物並存的特點。代表性的出版機構，在紹興的有徐友蘭於一八六二年創辦的墨潤堂等。另外，吴隱於一九〇四年參與創辦了西泠印社；紹興人沈知方於一九一二年參與創辦了中華書局，還於一九一七年創辦了世界書局。代表性的期刊，有羅振玉於一八九七年在上海創辦的《農學報》，杜亞泉於一九〇一年在上海創辦的《普通學報》，羅振玉於一九〇一年在上海發起、王國維主筆的《教育世界》，杜亞泉等於一九〇二年在上海編輯的《中外算報》，秋瑾於一九〇七年在上海創辦的《中國女報》等。代表性的報紙，有蔡元培於一九〇三年在上海創辦的《俄事警聞》等。

紹興文獻典籍的這四個演進階段，既相互承接，又各具特色，充分彰顯了走在歷史前列、引領時代潮流的特徵，總體上呈現出了載體越來越多元、内涵越來越豐富、傳播越來越廣泛、對社會生活的影響越來越深遠的歷史趨勢。

（二）藏書聲聞華夏

紹興歷史上刻書多，便爲藏書提供了前提條件，因而藏書也多。大禹曾「登宛委山，發金簡之書，案金簡玉字，得通水之理」（《吴越春秋》卷六），還「巡狩大越，見耆老，納詩書」（《越絶書》卷八），這是紹興有關采集收藏圖書的最早記載。句踐曾修築「石室」藏書，「晝書不倦，晦誦竟旦」（《越絶書》卷十二）。

造紙術與印刷術的發明和推廣，使得書籍可以成批刷印，爲藏書提供了極大便利。王充得益於藏書資料，寫出了不朽的《論衡》。南朝梁時，山陰人孔休源「聚書盈七千卷，手自校治」（《梁書·孔休源傳》），成爲紹興歷史上第一位有明文記載的藏書家。唐代時，越州出現了集刻書、藏書、讀書於一體的書院。五代十國時，南唐會稽人徐鍇精於校勘，雅好藏書，「江南藏書之盛，爲天下冠，鍇力居多」（《南唐書·徐鍇傳》）。

宋代雕版印刷術日趨成熟，爲書籍的化身千百與大規模印製創造了有利條件，也爲藏書提供了更多來源。特別是宋室南渡、越州升爲紹興府後，更是出現了以陸氏、石氏、李氏、諸葛氏等爲代表的藏書世家。陸游曾作《書巢記》，稱「吾室之内，或棲於櫝，或陳於前，或枕藉於床，俯仰四顧，無非書者」。《（嘉泰）會稽志》中專設《藏書》一目，説明了當時藏書之風的盛行。元時，楊維楨「積書數萬卷」（《鐵笛道人自傳》）。

明代藏書業大發展，出現了鈕石溪的世學樓等著名藏書樓。其中影響最大的藏書家族，當數山陰祁氏；影響最大的藏書樓，當數祁承㸁創辦的澹生堂，至其子彪佳時，藏書達三萬多卷。

清代是紹興藏書業的鼎盛時期，有史可稽者凡二十六家，諸如章學誠、李慈銘、陶濬宣等。上虞王望霖建天香樓，藏書萬餘卷，尤以藏書家之墨迹與鈎摹鐫石聞名。徐樹蘭創辦的古越藏書樓，以存古開新爲宗旨，以資人觀覽爲初心，成爲中國近代第一家公共圖書館。

民國時，代表性的紹興藏書家與藏書樓有：羅振玉的大雲書庫、徐維則的初學草堂、蔡元培創辦的養新書藏、王子餘開設的萬卷書樓、魯迅先生讀過書的三味書屋等。

根據二〇一六年完成的古籍普查結果，紹興全市十家公藏單位，共藏有一九一二年以前産生的中國傳統裝幀書籍與民國時期的傳統裝幀書籍三萬九千七百七十七種、二十二萬六千一百二十五册，分别占了浙江省三十三萬七千四百零五種的百分之十一點七九、二百五十萬六千六百三十三册的百分之九點零二。這些館藏的文獻典籍，有不少屬於名人名著，其中包括在别處難得見到的珍稀文獻。這是紹興這個地靈人傑的文獻名邦確實不同凡響的重要見證。

一部紹興的藏書史，其實也是一部紹興人的讀書、用書、著書史。歷史上的紹興，刻書、藏書、讀書、用書、著書，良性循環，互相促進，成爲中國文化史上一道亮麗的風景。

（三）著述豐富多彩

紹興自古以來，論道立説、卓然成家者代見輩出，創意立言、名動天下者繼踵接武，歷朝皆有傳世之作，各代俱見槃槃之著。這些文獻，不僅對紹興一地有重要價值，而且也是浙江文化乃至中國古代文化的重要組成部分。

一是著述之風，遍及各界。越人的創作著述，文學之士自不待言，爲政、從軍、業賈者亦多喜筆耕，屢有不刊之著。甚至於鄉野市井之口頭創作、謡歌俚曲，亦代代敷演，蔚爲大觀，其中更是多有内藴厚重、哲理深刻、色彩斑斕之精品，遠非下里巴人，足稱陽春白雪。

二是著述整理，尤爲重視。越人的著述，包括對越中文獻乃至我國古代文獻的整理。宋孔延之的《會稽掇英總集》，清杜春生的《越中金石記》，近代魯迅的《會稽郡故書雜集》等，都是收輯整理地方文獻的重要成果。陳橋驛所著《紹興地方文獻考録》，是另一種形式的著述整理，其中考録一九四九年前紹興地方文獻一千二百餘種。清代康熙年間，紹興府山陰縣吴楚材、吴調侯叔侄選編的《古文觀止》，自問世以來，一直是古文啓蒙的必備書，也深受古文愛好者的推崇。

三是著述領域，相涉廣泛。越人的著述，涉及諸多領域。其中古代以經、史與諸子百家研核之作爲多，且基本上涵蓋了經、史、子、集的各個分類，近現代以文藝創作爲多，當代則以科學研究論著爲多。這也體現了越中賢傑經世致用、與時俱進的家國情懷。

四

盛世修典，承古啓新，以「紹興」之名，行紹興之實。

紹興這個名字，源自宋高宗的升越州爲府，並冠以年號，時在紹興元年（一一三一）的十月廿六日。這是對這座城市傳統的畫龍點睛。紹興這兩個字合在一起，藴含的正是承繼前業而壯大之、開創未來而昌興之的意思。數往而知來，今天的紹興人正賦予這座城市、這個名字以新的意藴，那就是繼承中華優秀傳統文化，建設中華民族現代文明，爲實現中華民族偉大復興，作出自己新的更大的貢獻。

編纂出版《紹興大典》，正是紹興地方黨委、政府文化自信、文化自覺的體現，是集思廣益、精心實施的德政，是承前啓後、繼往開來的偉業。

（一）科學的決策

《紹興大典》的編纂出版，堪稱黨委、政府科學決策的典範。二〇二〇年十二月十一日，中共紹興市委八届九次全體（擴大）會議審議通過了關於紹興市「十四五」規劃和二〇三五年遠景目標的建議，其中首次提出要啓動《紹興大典》的編纂出版工作。

二〇二一年二月五日，紹興市第八届人民代表大會第六次會議批准了市政府根據市委建議編製的紹興市「十四五」規劃和二〇三五年遠景目標綱要，其中又專門寫到要啓動《紹興大典》的編纂出版工作。二月八日，紹興市人民政府正式印發了這個重要文件。

二〇二二年二月二十八日的中共紹興市第九次代表大會市委工作報告與三月三十日的紹興市九届人大一次會議政府工作報告，均對編纂出版《紹興大典》提出了要求。

二〇二二年九月十五日，紹興市人民政府第十一次常務會議專題聽取了《〈紹興大典〉編纂出版工作實施方案》起草情況的匯報，決定根據討論意見對實施意見進行修改完善後，提交市委常委會議審議。九月十六日，中共紹興市委九届二十次常委會議專題聽取《〈紹興大典〉編纂出版工作實施方案》起草情況的匯報，並進行了討論，決定批准這個方案。十月十日，中共紹興市委辦公室、紹興市人民政府辦公室正式印發了《〈紹興大典〉編纂出版工作實施方案》。

（二）嚴謹的體例

在中共紹興市委、紹興市人民政府研究批准的實施方案中，《紹興大典》編纂出版的各項相關事宜，均得以明確。

一是主要目標。系統、全面、客觀梳理紹興文化傳承脉絡，收集、整理、編纂、研究、出版紹興地方文獻，使《紹興大典》成爲全國鄉邦文獻整理編纂出版的典範和紹興文化史上的豐碑，爲努力打造「文獻保護名邦」「文史研究重鎮」「文化轉化高地」三張紹興文化的金名片作出貢獻。

二是收録範圍。《紹興大典》收録的時間範圍爲：起自先秦時期，迄至一九四九年九月三十日，部分文獻酌情下延。地域範圍爲：今紹興市所轄之區、縣（市），兼及歷史上紹興府所轄之蕭山、餘姚。內容範圍爲：紹興人的著述，域外人士有關紹興的著述，歷史上紹興刻印的古籍善本和紹興收藏的珍稀古籍善本。

三是編纂方法。對所録文獻典籍，按經、史、子、集和叢五部分類方法編纂出版。

根據實施方案明確的時間安排與階段劃分，在具體編纂工作中，采用先易後難、先急後緩，邊編纂出版、邊深入摸底的方法。即先編纂出版情況明瞭、現實急需的典籍，與此同時，對面上的典籍情況進行深入的摸底調查。這樣的方法，既可以用最快的速度出書，以滿足保護之需、利用之需，又可以爲一些難題的破解争取時間；既可以充分發揮我國實力最强的專業古籍出版社中華書局的編輯出版優勢，又可以充分借助與紹興相關的典籍一半以上收藏於我國古代典籍收藏最爲宏富的國家圖書館的優勢。這是最大限度地避免時間與經費上的重複浪費的方法，也是地方文獻編纂出版工作方法上的創新。

另外，還將適時延伸出版《紹興大典·要籍點校叢刊》《紹興大典·文獻研究叢書》《紹興大典·善本影真叢覽》等。

（三）非凡的意義

正如紹興的文獻典籍在中華文獻典籍史上具有重要的影響那樣，編纂出版《紹興大典》的意義，同樣也是非同尋常的。

一是編纂出版《紹興大典》，對於文獻典籍的更好保護——活下來，具有非同尋常的意義。歷史上的文獻典籍，是中華文明歷經滄桑留下的最寶貴的東西。然而，這些瑰寶或因天災人禍，或因自然老化，或因使用過度，或因其他緣故，有不少已經處於岌岌可危甚至奄奄一息的境況。

編纂出版《紹興大典》，可以爲系統修復、深度整理這些珍貴的古籍争取時間；可以最大限度呈現底本的原貌，緩解藏用的矛盾，更好地方便閲讀與研究。這是文獻典籍眼下的當務之急，最好的續命之舉。

二是編纂出版《紹興大典》，對於文獻典籍的更好利用——活起來，具有非同尋常的意義。歷史上的文獻典籍，流傳到今天，實屬不易，殊爲難得。它們雖然大多保存完好，其中不少還是善本，但分散藏於公私，積久塵封，世人難見；也有的已成孤本，或至今未曾刊印，僅有稿本、抄本，秘不示人，無法查閲。

編纂出版《紹興大典》，將穿越千年的文獻、深庋密鎖的秘藏、散落全球的珍寶匯聚起來，化身萬千，走向社會，走近讀者，走進生活，既可防它們失傳之虞，又可使它們嘉惠學林，也可使它們古爲今用，文旅融合，還可使它們延年益壽，推陳出新。這是於文獻典籍利用一本萬利、一舉多得的好事。

三是編纂出版《紹興大典》，對於文獻典籍的更好傳承——活下去，具有非同尋常的意義。歷史上的文獻典籍，能保存至今，是先賢們不惜代價，有的是不惜用生命爲代價换來的。對這些傳承至今的古籍本身，我們應當倍加珍惜。

編纂出版《紹興大典》，正是爲了述録先人的開拓，啓迪來者的奮鬥，使這些珍貴古籍世代相傳，使蘊藏在這些珍貴古籍身上的中華優秀傳統文化世代相傳。這是中華文化創造性轉化、創新性發展的通途所在。

編纂出版《紹興大典》，是紹興文化發展史上的曠古偉業。編成後的《紹興大典》，將成爲全國範圍内的同類城市中，第一部收録最爲系統、内容最爲豐贍、品質最爲上乘的地方文獻集成。

紹興這個地方，古往今來，都在不懈超越。超乎尋常，追求卓越。超越自我，超越歷史。《紹興大典》的編纂出版，無疑會是紹興文化發展史上的又一次超越。

道阻且長，行則將至；行而不輟，成功可期。「後之視今，亦猶今之視昔」；「後之覽者，亦將有感於斯文」（《蘭亭集序》）。讓我們一起努力吧！

馮建榮

二〇二三年六月十日，星期六，成稿於寓所

二〇二三年中秋、國慶假期，校改於寓所

編纂説明

紹興古稱會稽，歷史悠久。

大禹治水，畢功了溪，計功今紹興城南之茅山（苗山），崩後葬此，此山始稱會稽，此地因名會稽，距今四千多年。

大禹第六代孫夏后少康封庶子無餘於會稽，以奉禹祀，號曰「於越」，此爲吾越得國之始。《竹書紀年》載，成王二十四年，於越來賓。是亦此地史載之始。

距今兩千五百多年，越王句踐遷都築城於會稽山之北（今紹興老城區），是爲紹興建城之始，於今城不移址，海内罕有。

秦始皇滅六國，御海内，立郡縣，成定制。是地屬會稽郡，郡治爲吴縣，所轄大率吴越故地。東漢順帝永建四年（一二九），析浙江之北諸縣置吴郡，是爲吴越分治之始。會稽名仍其舊，郡治遷山陰。由隋至唐，會稽改稱越州，時有反復，至中唐後，「越州」遂爲定稱而至於宋。所轄時有增減，至五代後梁開平二年（九〇八），吴越析剡東十三鄉置新昌縣，自此，越州長期穩定轄領會稽、山陰、蕭山、諸暨、餘姚、上虞、嵊縣、新昌八邑。

建炎四年（一一三〇），宋高宗趙構駐蹕越州，取「紹奕世之宏庥，興百年之丕緒」之意，下詔從建炎五年正月改元紹興。紹興元年（一一三一）十月己丑升越州爲紹興府，斯地乃名紹興，沿用至今。

歷史的悠久，造就了紹興文化的發達。數千年來文化的發展、沉澱，又給紹興留下了燦爛的文化載體——鄉邦文獻。保存至今的紹興歷史文獻，有方志著作、家族史料、雜史輿圖、文人筆記、先賢文集、醫卜星相、碑刻墓誌、摩崖遺存、地名方言、檔案文書等不下三千種，可以説，凡有所録，應有盡有。這些文獻從不同角度記載了紹興的山川地理、風土人情、經濟發展、人物傳記、著述藝文等各個方面，成爲人們瞭解歷史、傳承文明、教育後人、建設社會的重要參考資料，其中許多著作不僅對紹興本地有重要價值，也是江浙文化乃至中華古代文化的重要組成部分。

紹興歷代文人對地方文獻的探尋、收集、整理、刊印等都非常重視，並作出過不朽的貢獻，陳橋驛先生就是代表性人物。正是在他的大力呼籲下，時任紹興縣政府主要領導作出了編纂出版《紹興叢書》的決策，爲今日《紹興大典》的編纂出版積累了經驗，奠定了基礎。

時至今日，爲貫徹落實習近平總書記系列重要講話精神，奮力打造新時代文化文明高地，重輝「文獻名邦」，中共紹興市委、市政府毅然作出編纂出版《紹興大典》的決策部署。延請全國著名學者樓宇烈、袁行霈、安平秋、葛劍雄、吴格、李岩、熊遠明、張志清諸先生參酌把關，與收藏紹興典籍最豐富的國家圖書館等各大圖書館以及專業古籍出版社中華書局展開深度合作，成立專門班子，精心規劃組織，扎實付諸實施。《紹興大典》是地方文獻的集大成之作，出版形式以紙質書籍爲主，同步開發建設數據庫。其基本内容，包括以下三方面：

一、《紹興大典》影印精装本文獻大全。這方面内容囊括一九四九年前的紹興歷史文獻，收録的原則是「全而優」，也就是文獻求全收録；同一文獻比對版本優劣，收優斥劣。同時特别注重珍稀性、孤罕性、史料性。

《紹興大典》影印精裝本收録範圍：

時間範圍：起自先秦時期，迄至一九四九年九月三十日，部分文獻可酌情下延。

地域範圍：今紹興市所轄之區、縣（市），兼及歷史上紹興府所轄之蕭山、餘姚。

内容範圍：紹興人（本籍與寄籍紹興的人士、寄籍外地的紹籍人士）撰寫的著作，非紹興籍人士撰寫的與紹興相關的著作，歷史上紹興刻印的古籍珍本和紹興收藏的古籍珍本。

《紹興大典》影印精裝本編纂體例，以經、史、子、集、叢五部分類的方法，對收録範圍内的文獻，進行開放式收録，分類編輯，影印出版。五部之下，不分子目。

經部：主要收録經學（含小學）原創著作；經校勘校訂，校注校釋，疏、證、箋、解、章句等的經學名著；爲紹籍經學家所著經學著作而撰的著作，等等。

史部：主要收録紹興地方歷史書籍，重點是府縣志、家史、雜史等三個方面的歷史著作。

子部：主要收録專業類書，比如農學類、書畫類、醫卜星相類、儒釋道宗教類、陰陽五行類、傳奇類、小説類，等等。

集部：主要收録詩賦文詞曲總集、别集、專集，詩律詞譜，詩話詞話，南北曲韻，文論文評，等等。

叢部：主要收録不入以上四部的歷史文獻遺珍、歷史文物和歷史遺址圖録彙總、戲劇曲藝脚本、報章雜志、音像資料等。不收傳統叢部之文叢、彙編之類。

《紹興大典》影印精裝本在收録、整理、編纂出版上述文獻的基礎上，同時進行書目提要的撰寫，並細編索引，以起到提要鉤沉、方便實用的作用。

二、《紹興大典》點校研究及珍本彙編。主要是《紹興大典》影印精裝本的延伸項目，形成三個成果，即《紹興大典·要籍點校叢刊》《紹興大典·文獻研究叢書》《紹興大典·善本影真叢覽》三叢。

選取影印出版文獻中的要籍，組織專家分專題開展點校等工作，排印出版《紹興大典·要籍點校叢刊》；及時向社會公布推出出版文獻書目，開展《紹興大典》收録文獻研究，分階段出版研究成果《紹興大典·文獻研究叢書》；選取品相完好、特色明顯、内容有益的優秀文獻，原版原樣綫裝影印出版《紹興大典·善本影真叢覽》。

三、《紹興大典》文獻數據庫。以《紹興大典》影印精裝本和《紹興大典·要籍點校叢刊》《紹興大典·文獻研究叢書》《紹興大典·善本影真叢覽》三叢爲基幹構建。同時收録大典編纂過程中所涉其他相關資料，未用之版本，書佚目存之書目等，動態推進。

《紹興大典》編纂完成後，應該是一部體系完善、分類合理、全優兼顧、提要鮮明、檢索方便的大型文獻集成，必將成爲地方文獻編纂的新範例，同時助力紹興打造完成「歷史文獻保護名邦」「地方文史研究重鎮」「區域文化轉化高地」三張文化金名片。

《紹興大典》在中共紹興市委、市政府領導下組成編纂工作指導委員會，組織實施並保障大典工程的順利推進，同時組成由紹興市爲主導、國家圖書館和中華書局爲主要骨幹力量、各地專家學者和圖書館人員爲輔助力量的編纂委員會，負責具體的編纂工作。

《紹興大典》編纂委員會

二〇二三年五月

史部編纂説明

紹興自古重視歷史記載，在現存數千種紹興歷史文獻中，史部著作占有極爲重要的位置。因其内容豐富、體裁多樣、官民兼撰的特點，成爲《紹興大典》五大部類之一，而别類專纂，彙簡成編。

按《紹興大典·編纂説明》規定：「以經、史、子、集、叢五部分類的方法，對收録範圍内的文獻，進行開放式收録，分類編輯，影印出版。五部之下，不分子目。」「史部：主要收録紹興地方歷史書籍，重點是府縣志、家史、雜史等三個方面的歷史著作。」

紹興素爲方志之鄉，纂修方志的歷史較爲悠久。據陳橋驛《紹興地方文獻考録》（浙江人民出版社，一九八三年版）統計，僅紹興地區方志類文獻就「多達一百四十餘種，目前尚存近一半」。在最近三十多年中，紹興又發現了不少歷史文獻，堪稱卷帙浩繁。

據《紹興大典》編纂委員會多方調查掌握的信息，府縣之中，既有最早的府志——南宋二志《（嘉泰）會稽志》和《（寶慶）會稽續志》，也有最早的縣志——宋嘉定《剡録》；既有耳熟能詳的《（萬曆）紹興府志》，也有海内孤本《（嘉靖）山陰縣志》；更有寥若晨星的《永樂大典》本《紹興府志》，等等。存世的紹興府縣志，明代纂修並存世的萬曆爲最多，清代纂修並存世的康熙爲最多。

家史資料是地方志的重要補充，紹興地區家史資料豐富，《紹興家譜總目提要》共收録紹興相關家譜資料三千六百七十九條，涉及一百七十七個姓氏。據二〇〇六年《紹興叢書》編委會對上海圖書館藏紹興文獻的調查，上海圖書館館藏的紹興家史譜牒資料有三百多種，據紹興圖書館最近提供的信息，其館藏譜牒資料有二百五十多種，一千三百七十八册。紹興人文薈萃，歷來重視繼承弘揚耕讀傳統，家族中尤以登科進仕者爲榮，每見累世科甲、甲第連雲之家族，如諸暨花亭五桂堂黄氏、山陰狀元坊張氏，等等。家族中每有中式，必進祠堂，祭祖宗，禮神祇，乃至重纂家乘。因此纂修家譜之風頗盛，聯宗聯譜，聲氣相通，呼應相求，以期相將相扶，百世其昌，因此留下了浩如煙海、簡册連編的家史譜牒資料。家史資料入典，將遵循「姓氏求全，譜目求全，譜牒求優」的原則遴選。

雜史部分是紹興歷史文獻中內容最豐富、形式最多樣、撰者最衆多、價值極珍貴的部分。記載的內容無比豐富，撰寫的體裁多種多樣，留存的形式面目各異。其中私修地方史著作，以東漢袁康、吴平所輯的《越絶書》及稍後趙曄的《吴越春秋》最具代表性，是紹興現存最早較爲系統完整的史著。

雜史部分的歷史文獻，有非官修的專業志、地方小志，如《三江所志》《倉帝廟志》《螭陽志》等；有以韻文形式撰寫的如《山居賦》《會稽三賦》等；有碑刻史料如《會稽刻石》《龍瑞宫刻石》等；有詩文游記如《沃洲雜詠》等；有珍貴的檔案史料如《明浙江紹興府諸暨縣魚鱗册》等；有名人日記如《祁忠敏公日記》《越縵堂日記》等；有綜合性的歷史著作如海內外孤本《越中雜識》等；也有鉤沉稽古的如《虞志稽遺》等。既有《救荒全書》《欽定浙江賦役全書》這樣專業的經濟史料，也有《越中八景圖》這樣的圖繪史料等。舉凡經濟、人物、教育、方言風物、名人日記等，應有盡有，不勝枚舉。尤以地理爲著，諸如山川風物、名勝古迹、水利關津、衛所武備、天文医卜等，莫不悉備。

這些歷史文獻，有的是官刻，有的是坊刻，有的是家刻。有特別珍貴的稿本、鈔本、寫本，也有珍稀孤罕首次面世的史料。由於《紹興大典》的編纂出版，這些文獻得以呈現在世人面前，俾世人充分深入地瞭解紹興豐富多彩的歷史文化。受編纂者學識見聞以及客觀條件之限制，難免有疏漏錯訛之處，祈望方家教正。

《紹興大典》編纂委員會

二〇二三年五月

目録

（嘉慶）山陰縣志 一
山陰縣志校記 一九七九

嘉慶山陰縣志 三十卷，首一卷

〔清〕徐元梅修，〔清〕朱文翰纂

清嘉慶八年（一八〇三）刻本

影印説明

《（嘉慶）山陰縣志》三十卷首一卷，清徐元梅修，清朱文翰等纂。清嘉慶八年（一八〇三）刻本，半葉十二行行二十四字，小字雙行同，細黑口，單魚尾，四周單邊，有圖。原書版框尺寸高18.6釐米，寬14.4釐米。卷首前有嘉慶八年山陰修志名籍，有「際豐之章」「寶山」「越縵堂藏書印」「慈銘私印」「越縵堂」等印記，卷十六末有清李慈銘跋。

徐元梅，河南羅山人，乾隆己酉（一七八九）進士。朱文翰，安徽歙縣人，字蒼楣，號見庵，乾隆庚戌（一七九〇）進士，《（民國）歙縣志》有傳。

國家圖書館藏有嘉慶八年刻本兩部。此次影印，以國家圖書館藏李慈銘舊藏本爲底本。原書卷二十水利圖第一幅缺上半圖，今以另部補配。另據《中國地方志聯合目録》，上海圖書館、南京圖書館、浙江圖書館亦有收藏。

嘉慶八年山陰修志名籍

掌修

山陰縣知縣徐元梅河南羅山人己酉進士

編輯

刑部奏准迴避候補員外郎朱文翰安徽歙縣人庚戌進士

預修

山陰縣教諭陳石麟海鹽縣人癸卯舉人

署山陰縣訓導高惟嶽臨安縣人己酉舉人

分編

舉人史上善會稽縣人

舉人陸文籍本縣人

議敘訓導前署常山教諭廪貢生金注會稽縣人

優貢生候選訓導顧廷綸 會稽縣人

廩貢生候選訓導胡文照 上虞縣人

領局

原任四川嘉定府知府謝肇洙 本縣人進士

原任江西南昌府同知徐聯奎 本縣人進士

誥封朝議大夫雲南大理府知府史廷桂 本縣人增貢生

原任安徽徽州府通判沈詩李 本縣人進士

原任山東邱縣知縣詹國瑞 本縣人舉人

原任江西南康縣知縣鍾奎爻 本縣人舉人

原任河南輝縣知縣裘冠一 本縣人

原任江南甘泉縣知縣陳太初 本縣人

勅封儒林郎江南上海縣知縣周　鈖 本縣人廩貢生

例封文林郎山東候補知縣汪源宗本縣人

候選知縣平璐本縣人

分發直隸候補知縣劉雲本縣人

收掌

廩貢生候選訓導湯家邦鄞縣人

舉人史致焜本縣人

校文

廩貢生候選訓導周逢吉本縣人

廩生王文潮本縣人

增生余重光本縣人

附生王萬嵩會稽人

附生張晟本縣人

附生鍾鏞本縣人

附生王鳳詔本縣人

職員章泰本縣人

繪圖

武生章楚南本縣人

此志在近時已為佳志但其敘孟子土地人民政事語勞分三類既非著書之體而職官何與於人民寺觀冢墓豈得謂非土地書籍碑碣藝文又於政事何涉支離配合如腐生作時文强支柱意甚大謬也悉伯拊記

山陰縣志目錄

卷首

皇言

卷一

土地志第一之一

沿革

卷二

土地志第一之二

至到廣袤形勢

卷三

土地志第一之三

山

卷四
土地志第一之四
水
卷五
土地志第一之五
城廨橋道關津之屬
卷六
土地志第一之六
坊鄉市鎮驛鋪之屬
卷七
土地志第一之七
古跡

卷八
土地志第一之八
土産
以上一册
卷九
人民志第二之一
職官
卷十
人民志第二之二
選舉附仕籍
卷十一
人民志第二之三
戶口風俗

卷十二
人民志第二之四
名宦　以上二冊
卷十三
人民志第二之五
鄉賢一
卷十四
人民志第二之六
鄉賢二　以上三冊
卷十五
人民志第二之七
鄉賢三

卷十六
人民志第二之八
鄉賢四　附寓賢　以上四册
卷十七
人民志第二之九
列女
卷十八
人民志第二之十
術藝釋老　以上五册
卷十九
政事志第三之一
學校

卷二十
政事志第三之二
水利
卷二十一
政事志第三之三
壇廟
卷二十二
政事志第三之四
武備
以上六册
卷二十三
政事志第三之五
田賦

卷二十四
政事志第三之六
寺觀冢墓
卷二十五
政事志第三之七
禨祥
卷二十六
政事志第三之八
書籍
卷二十七
政事志第三之九
碑刻
以上七冊

卷二十八

政事志第三之十

藝文

卷二十九

政事志第三之十一

前志

卷三十

政事志第三之十二

總敘

以上八冊

山陰縣志卷首

臣 元梅謹案書始帝典春秋首王正所以大一統示無外也浙東猶古南荒距畿甸殊遠仰勞

列聖鑾輅頻臨

鴻藻

睿謨聿昭

巍煥匪惟畺吏之榮允足爲輿圖增重兹重輯山陰邑乘依次

恭錄

皇言一卷以爲全編冠冕焉

聖祖仁皇帝御製

山陰

灌木叢篁傍水幽淡烟晴日漾芳洲蘭橈揺過山陰道在昔人

傳鏡裏游

謁大禹陵

古廟青山下登臨曉靄中梅梁存舊蹟金簡紀神功九載隨刊力千年統緒崇茲來薦蘋藻瞻對率羣工

登臥龍山越望亭

周覽山川歷井疆越峰突兀見青蒼爭流萬壑通城郭一一看來在下方

禹陵頌

朕閱視河淮省方浙地會稽在望爰渡錢塘展拜大禹廟瞻眺久之勅有司歲加修葺春秋祗祼粢盛牲醴必豐必虔以志崇報之意時康熙二十八年二月十五日也緬維大禹接二帝之心傳開三代之治運昏墊既平教稼明倫由是而起其有功於

後世不淺豈特當時利賴哉朕自御宇以來軫懷饑渴亟意河防講求疏濬漸見底績周行川澤謚仰前徽爰作頌曰

下民其咨聖人乃生危微精一允執相承克勤克儉不伐不矜隨山刊木地平天成九州始辨萬世永寧六府三事政教修明會稽鉅鎮五嶽攸靈茲惟其藏陵谷式經百神守護松柏鬱貞仰止高山時切景行

御題禹廟匾聯

地平天成

江淮河漢思明德

精一危微見道心

康熙二十八年二月十一日欽奉

上諭朕稽古省方咨求治理閱視河道期底平成凡有利於民

生必令霑夫實惠行次浙省禹陵在望念大禹功德隆盛萬世永賴應行親詣以展企慕之忱其致祭典禮所司卽察例舉行政治所先在崇文教江南浙江爲人文萃集之地入學額數應酌量加增永昭宏獎該督撫詳議奏請江寧鎮江杭州駐防滿洲漢軍兵丁鎮守要地久歷歲時深用軫念應作何恩賚以彰優恤著該部議奏自南巡以來所經過地方官員除八法處分及列款糾劾外凡因公掛誤降級畱任者俱准開復降級調用者著帶所降之級畱任其經過地方現在監禁人犯除十惡及詔款所不赦等罪並官員犯贓不宥外其餘自康熙二十八年二月十一日以前死罪及軍流徒罪以下已結未結俱著寬釋以示朕赦過宥罪之意備辦船隻地方各官効力効勞者著該督撫會同奉差官員確查具題各加一級縴夫供役勞苦亦著

該督撫察明人數量給恩賞朕廑念民依特蠲租賦總期實德潤澤蒼生近見民間有建立碑亭稱頌德意者雖出羣黎愛戴之誠但恐各郡皆然未免致損民力誠使閭閻殷阜則裨益良多碑亭何與焉嗣後亦宜停止江浙錢糧既經蠲豁猶慮有不肖有司借端詞訟朘削民生著該督撫嚴行禁飭至各處榷關原有則例朕舟所至諮訪過關商民每不難於輸納額稅而以稽留關次不能速過爲苦榷關官員理宜遵奉屢頒諭旨恤商惠民豈可反貽商民之累自今應力除積弊凡商民抵關交納正稅即與放行毋得稽留苛勒以致苦累違者定行從重處分朕早夜孜孜惟冀官吏軍民士農商賈無一人不獲其所故於民生吏治圖維區畫務極周詳爾等可即傳諭俾一體奉行稱朕意焉特諭

是日又奉
上諭禮部祭以敬爲主禹陵僻處荒村恐致褻慢凡供獻粢盛
禮儀諸事令左都御史馬齊與侍郎席爾達同往省視欽此
康熙二十八年二月十六日欽奉
上諭朕巡行江表緬懷禹德躬率羣臣展祭陵廟顧瞻殿廡圮
傾禮器缺畧人役寥寥荒凉增嘆愚民風俗崇祀滛祠俎豆馨
香奔走恐後宜祀之神反多輕忽朕甚慨焉在昔帝王陵寢理
應隆重培護況大禹道貫百王身勞疏鑿奠寧率土至今猶賴
豈可因循特書地平天成四字懸之宇下著地方官卽加修理
畢備儀物守祠人役亦宜增添俾規模宏整歲時嚴肅兼賜銀
二百兩給與守祠之人此後益令敬慎地方官亦須時爲留心
以副朕尊崇遐慕之懷其卽遵諭行特諭

康熙三十五年

御書大字晉王羲之蘭亭敘

康熙三十七年

御書蘭亭二字

康熙四十一年十一月工部議覆浙江巡撫趙申喬題請修葺

禹陵應令捐修一疏

上曰凡古帝王陵寢地方官應不時修葺今禹陵必頹壞已極

趙申喬始行題請著杭州織造會同地方官動用歷年節省錢

糧卽行修理以稱朕尊崇前代聖王之意欽此

康熙四十二年

御題南鎮廟匾

秀帶巖壑

高宗純皇帝御製

蕭山道中作

溪窄綠塍闊水肥烏榜輕開篷畫芃蒨挂席剪澄明南國春方

麗越天雲復晴山陰指明日已是鏡中行

錢清鎮

循吏當年齊國劉大錢留一話千秋而今若問親民者定道一

錢不敢留

題柯亭

陳留精博物椽竹得奇遺昔已思邕讓今兼傳伏滔琴同識焦

爨劒比出洪濤漢史無能續千秋恨董逃

謁大禹廟恭依

皇祖元韻

展謁來巡際

憑依對越中傳心眞貫道底績莫衡功勤儉鴻稱永儀型

聖度崇深惟作民牧益凜亮天工

禹廟覽古

得涖稽山峻言瞻禹廟崇碑文擬衡嶽井穴達龍宮問訊傳工部棲遲遇義公鐏于尋豈在窆柱恨難窮帆石終隣誕梁梅久付空惟應敷土跡天地並鴻功

舟泛山陰溪路

棹入烟花浦山迎綵鷁舟桃霞烘日重柳線曳風柔應接眞無暇晴明適與謀若耶知不遠且遲命清游

蘭亭卽事

向慕山陰鏡裏行清游得勝愜平生風華自昔稱佳地觴詠於

今紀勝名竹重春烟偏濬蕩花遲禊日尚專榮臨池更得龍跳法聚訟千秋不易評

蘭亭恭詠

皇祖撫帖御筆

眞贋操戈互詆攻

聖多能以不同同右軍設使瞻

仙藻定早傾心拜下風

蘭亭襍詠

竹逕延緣勝賞探流觴曲水漾波涵何妨修禊日過五且喜行春月正三

即景還思晉永和祟山眞見綠嵯峨斯人不祇清談輩誓墓高風有足多

絲竹雖無琴筑環逸情眞可傲東山中郎若復相衡量應有蘭
亭在世間

眞蹟當年付老僧賺來蕭翼許多能若方吐哺周公旦房相掄
賢未足稱

舟行雜興三十首　用上下平韻　恭錄蘭亭若耶二首

入畫樓臺烟雨寒山陰一棹鏡中看蘭亭逸少風流在信可東
山傲謝安

若耶只隔一溪灣好似天風吹引還寄我閒心與明月他年證
取水雲間

茅山正譌

壬午春巡將發金陵道句容徵三茅之勝而邑誌並摭吳越春
秋禹改茅山曰會稽爲茲山數典所自是援越入吳疆域紊而

世代淆予不可以不辨案史記注引越傳禹到大越上苗山苗與茅古字通而小異其爲屬越則均水經注漸江條云會稽古防山亦謂之茅山別傳稱防者蓋以防風後至故而漸江卽漸江其山隸今紹興境明甚若句容之茅山本名句曲亦名巳山自後漢茅盈兄弟學仙於此三茅之名始著距吳越時既遠與紹興又絕不相蒙輯志無識者沿名竄附牽連爲一謂會稽同出吳名若艮常秦望海江仙韭之屬二十有六實爲一山且注出吳越春秋今覈全書初無是語況自紹興至句容道踰千里中隔一江三茅卽號地脉安能呼吸一氣若此使其言然則方內嶽瀆宮霍蜀繹者疇不當名之曰崑崙岱宗乎再考江寧郡志艮常秦望仙韭諸山並與句曲壤接道里可數更於紹興無涉卽以所引秦望言紹興句容皆有要各自爲一山未可強而

合之獨於茅山乎何疑或曰會稽爲古揚州鎭山後漢移會稽郡治越秦初置時本治吳焉知會稽始名之茅山不可通於句曲後著之茅山也予得仍以吳越春秋正之其書凡六卷前吳傳三後越傳三茅山之改名會稽入越外傳不入吳內傳當時方隅所限詎不較然風馬牛哉用覶縷析之以俟後之訂山經者

閱海塘記

隆古以來治水者必應以神禹爲準神禹乘四載隨山濬川其大者導河導江胥入於海禹之蹟至於會稽會稽者即今浙海之區所謂南北互爲坍漲遷徙靡常地神禹親歷其間何以未治豈古今異勢爾時可以不治治之乎抑海之爲物最巨不可與江河同人力有所難施乎河之患旣以隄防海之患亦以塘

壩然既有之莫能已之已之而其患更烈仁人君子所弗忍爲也故每補偏救弊亦云盡人事而已施隄防於河已難而況措塘壩於海乎海之有塘壩李唐以前不可攷可攷者蓋自太宗貞觀間始歷宋元明屢修而屢壞南岸紹興有山爲之禦故其患常輕北岸海寧無山爲之禦故其患常重乾隆乙丑以後丁丑以前海趨中亹浙人所謂最吉而最難獲者辛未丁丑兩度臨觀爲之慶幸而不敢必其久如是也無何而戊寅之秋雷山北首有漲沙痕己卯之春遂全趨北大亹而北岸護沙以漸被刷是柴塘石塘之保護於斯時爲刻不可緩者易柴以石費雖巨而經久去害爲民者所弗惜也然有云柴塘之下皆活沙不能易石者有云移內數十丈則可施工者督撫以斯事體大不敢定議夫朕之巡方問俗非爲展義制宜措斯民於衽席之安

乎數郡民生休戚之關孰有大於此者可以沮洳海濱地險僻而不爲之悉心相度以期乂安吾赤子乎故於至杭之翼日卽減從趲程策馬隄上一一履視測度然後深悉夫柴塘之下不可施工以其實係活沙樁橛弗牢訖不可以擎石也柴塘之内可施工而倉卒不可爲以其拆人廬墓桑麻塡坑塹未受害而先驚吾民也卽曰成大利者不顧小害然使石塘成而廢柴塘是棄石塘以外之人矣如仍保柴塘則徒費帑項爲此無益而有害之舉滋弗當也於是定議修柴塘增坦水加柴價一經指示而海塘大端已具守土之臣有所遵循卽隨時入告亦以成竹素具便於進止也議者或曰所損者少而全者衆柴固不如石堅何爲是姑息之論然吾聞古人云井田善政行於亂之後是求治行於治之時是求亂吾將以是爲折中而不肯昧以

舉者此也踏勘尖山之日守塘者以漲沙聞後數日沙漲又增
命御前大臣誌石簍以驗之果然斯誠
海神之佑耶但丁丑以前已淤中亹者尚不可保而況今數尺
之漲沙乎然此誠轉旋之機是吾所以默識靈貺益勵敬
天勤民之心也是吾所以望神禹而怵然以懼懈無奠定之良
策也至海寧日卽虔謁
海神廟
皇考御製文在焉因書此記於碑陰以識吾閱塘咨度者如是
固不敢以己見爲必當也
御題禹廟匾聯
成功永賴
績奠九州垂萬世

統承二帝首三王

御題南鎮廟匾

表甸南疆

御賜明臣王守仁祠匾

名世真才

謹案守仁本山陰人遷居餘姚後仍還本籍其故居在

山陰東光坊謝公橋之後祠亦在焉玆恭載

御賜題額竝附紀如右

乾隆元年

上諭朕聞浙江紹興府屬山陰會稽蕭山餘姚上虞五縣有沿

江沿海隄岸工程向係附近里民案照田畝派費修築而地棍

衙役於中包攬分肥用少分多甚爲民累嗣經督臣李衛檄行

府縣定議每畝捐錢二文至五文不等合計共捐錢二千九百六十餘千計直銀三千餘兩民累較前減輕而胥吏等仍不免有借端苛索之事朕以愛養百姓爲心欲使閭閻毫無科擾著將案畝派錢之例即行停止其堤岸工程遇有應修段落著地方大員委員確估於存公項內動支銀兩興修報部核銷永著爲例特諭

乾隆十六年三月初十日内閣奉

上諭朕時巡至杭州

禹陵在望緬維平成之德萬世永賴

皇祖聖祖仁皇帝曾親祀焉爰東渡浙江陟會稽式遵

皇祖舊典躬薦馨於宇下厥有姒氏子姓世居陵側應世予八品官奉祀該督撫擇其有品行者一人充之昭崇德報功至意

欽此

皇言

右恭錄

山陰縣志卷首

山陰縣志 卷首 二

山陰縣志卷一

土地志第一之一

粤稽古大禹功始敷土訖於地平周人以地命官其屬則有土訓土訓所掌則曰地圖地事地慝地物地求又皆以地命之最爲申重諄復嗣是書契之文土地並舉而班固著西京地志必推本於禹貢周官非迂遠也今之長百里者莫非命於

天子守有土地之臣準古驗今首重沿革惟是志沿革者或僅舉其名而無從確指其境或斤斤斷自秦始其未郡縣以前多置不論且以蕞爾一邑求之荆揚吳楚之中周秦夏商而上茫乎藐焉曷由深攷乃觀於山陰則不然蓋山陰者以山表邑者也則第名其山即確然示以山陰之所在並未始名邑以前之地之所在大哉斯邑乎後漢續郡國志注云句踐小城山陰是

也前此漢書地理志注則云會稽山在南上有禹冢禹井然則論山陰區域方且遠而上之以溯乎文命之代是不知句踐無論嬴氏古哉斯縣乎凡戾止斯土者精騖乎覽穆然有遐思焉將欲勒爲一書附諸古人載籍之末俗華明而後麗乎其土地者可次第舉也

歷代	統部	州郡	縣
唐	荒服		
虞	揚州		
夏	揚州	始以會稽名山	
帝少康	揚州	封庶子無餘始號於越	
商	因夏制		
周	揚州	越 景王八年伐吳始見春秋	

朝代	州	郡	縣
秦		會稽郡始皇二十五年	山陰縣始皇三十七年
漢		會稽郡治吳	山陰縣
武帝元封五年	揚州凡十三部	會稽郡	山陰縣
東漢順帝永建四年	揚州	會稽郡分浙以東爲郡	山陰縣治
順帝永和末年	揚州	會稽郡置東部都尉	山陰縣
吳	揚州	會稽郡	山陰縣
晉武帝太康元年	揚州凡十九州	會稽郡	山陰縣
二年	揚州	會稽國封孫秀	山陰縣
惠帝永寧元年	揚州	會稽郡	山陰縣
明帝太寧二年	揚州	會稽國徙封琅邪王	山陰縣
宋武帝永初元年	揚州	會稽郡	山陰縣
文帝元嘉三十年	會州分置	會稽郡	山陰縣

孝武帝孝建初	東揚州大明三年稱揚州八年還為東揚州	會稽郡	山陰縣
廢帝永光元年	揚州	會稽郡	山陰縣
齊	揚州	會稽郡	山陰縣
梁武帝普通五年	東揚州	會稽郡	山陰縣
陳武帝永定三年	揚州文帝時復置東揚州	越州	山陰縣
隋文帝開皇九年	吳州總管府凡十三州	吳州	縣廢
隋煬帝大業元年		越州三年仍改郡	
唐高祖武德四年	越州總管府	越州	
七年	越州都督府	越州	山陰縣析會稽置緊
八年		越州	縣廢并入會稽
太宗貞觀元年	江南道凡十道	越州	

中宗垂拱二年	江南道	越州	山陰縣析會稽置武后省尋復置
玄宗開元二十一年	江南東道凡十五道	越州	山陰縣
二十六年	江南東道	會稽郡	山陰縣
肅宗至德二載	浙東道	會稽郡	山陰縣
乾元元年	浙東道	越州	山陰縣
代宗大曆二年	浙東道	越州	縣省七年復置
十四年	兩浙道	越州	山陰縣
德宗建中元年	浙東道二年改兩浙道	越州	山陰縣
貞元元年	浙東道	越州	山陰縣
憲宗元和七年	浙東道	越州	縣省十年復置爲州治
僖宗中和三年	浙東道	義勝軍升	山陰縣

年代	道／路	州／府	縣
光啟三年	浙東道	威勝軍改	山陰縣
昭宗乾寧三年	浙東道	鎮東軍改	山陰縣
五代梁太祖開平初	吳越國封錢鏐	東府	山陰縣
宋太宗太平興國三年	錢俶納土國除	越州	山陰縣
至道三年	兩浙路凡十五路遞析爲二十三	越州	山陰縣
神宗熙寧七年	浙東路九月合爲兩浙九年復分十年府復合爲兩浙路	越州徽宗大觀初置都督	山陰縣
高宗紹興元年	兩浙路二年爲浙東路	紹興府	山陰縣治望
元世祖至元十三年	兩浙都督府十五年立江淮行省二十一年改江浙等處行中書省	紹興路	山陰縣上倚郭

明洪武初　浙江等處行中書省紹興路　山陰縣倚

九年　浙江承宣布政使司紹興府二十一年改　山陰縣

皇清　浙江省　紹興府　山陰縣附郭

右沿革

附越攷

案越粵字古本通用史記吳越世家子胥世家尉佗傳西南夷傳陸賈傳汲黯傳諸篇皆作越班書始有越粵之分實亦通用如高帝紀云從百粵之兵以誅暴秦地理志吳地條云夫差爲粵王句踐所滅吳粵之君皆好勇又云吳粵與楚接比又粵地條云其君禹後封於會稽後二十世至句踐稱王又云漢立閩君搖爲粵王時南海尉趙佗亦自王至武帝時盡滅以爲郡處近海多犀象毒冒珠璣番禺其一都會也右皆書作粵溝洫志云天

下常備匈奴而不憂百越者以其水絕壤斷也右書作越此卽越粤通用之證但書作越者少作粤者較多或古但作越後人展轉傳寫偶竄改爲粤未可定也今人書閩粤則作粤吳越則作越截然不溷沿襲既久畛域漸分於是百粤之稱遂專屬之閩廣界內何以言之攷班志注臣瓚云自交阯至會稽七八千里百越襍處各有種姓不得盡云少康之後不主班氏其君禹後之說又云芊姓之越亦句踐之後不謂南越也又徐堅初學記引輿地志云秦分三十六郡平百越又置四郡閩中南海桂林象郡是也今檢漢地里志自漢增改郡國而秦之所謂百越四郡者未經剖析惟會稽郡治縣注云本閩越地及粤地分埜條云以閩君搖爲粤王而已然亦可見百越之名之未可渾同壹視也至明人撰百越先賢志云句踐苗裔散處海上故有閩越甌越西越駱越

諸名謂之百越據此則粵越不分字法甚古而古今疆域未免牽溷縣難明了矣今約畧攷之周之駱越即秦之西甌故曰甌駱在漢爲交阯九眞乃交州刺史所部今爲廣西太平慶遠諸府此西越也漢分粵地爲珠崖儋耳亦交州所部皆曰甌人謂之甌越今廣東廣瓊諸府皆是此所謂南越也古七閩之地半屬東甌亦稱甌越今爲福建建延兩府故建寧亦稱甌寧漢初封無諸爲閩越王都福州始稱閩越此則介乎揚交二州之間又一越也自廣西迤西而東乃涉吳越之越舊爲揚州刺史所部與越相距極爲遼闊沿海行去界自可通而福建之建寧延平在漢竝屬會稽郡閩與粵近越與閩近宜乎越粵易溷要之粵中有閩閩中曾有會稽今則廣浙截然名相及而實不相連者也今越中幅員不及古什之一近而吳地亦已不相聯屬顧

班固志山陰注謂爲句踐本國杜預注左傳又專以越國爲今山陰宣公八年盟吳越而還句注而志乘方言動稱於越設有論及粵越區域及二字通假之由猝難曉暢舊志亦未暇及之故麄附攷證如右

山陰縣志卷一

山陰縣志卷二

土地志第一之二

志疆里之法，通典舉四至，元和郡縣志言八到，至到爲互文，皆以表中境，而廣輪經緯之數亦灼然可見也。馬融周官疏曰東西爲廣南北爲輪劉熙釋名曰南北爲經東西爲緯茲据新舊通志並府縣兩志條其至到廣袤，畧采史志圖經之綜述山水者以爲形勢之說，而益以縣境縣治諸圖。鑒於往昔之圖易散亡，不可以孤行無所附麗也，故必合圖於志，俾相襍而文相依而輔，所謂圖經圖志寓微義焉。凡所有圖覩此矣。

縣附郭，東至會稽縣治二里運河中分爲界西至蕭山縣界五十里錢清江中分爲界南至諸暨縣界五十里抵古博嶺北至海岸四十里皆沙隄海之北岸即嘉興澉浦東南至諸暨縣界四十里抵覆盆嶺西南至諸暨縣界七十里（踰金牛嶺達於浣江）東北至會稽縣界三十里（抵宋家漊）西北至海岸三十餘里（抵航塢瓜瀝村）東西廣九十八里南北袤一百一十八里（舊通志作一百八十八里）東北至府治一里西北至杭州府省城一百三十八里至京師四千四百五十八里

右至到廣袤

從山陰道上行山川自相映發使人應接不暇（劉義慶世說）望山陰一十四鄉錢清一鎮有龜山蕺山大江鏡湖運河（元豐九域志）會稽地志曰邑在山之陰故以爲名西漢志曰會稽山在南上有禹冢有靈文園（輿地紀勝）山陰倚南有會稽山其支山爲雲門山又有法華山西南爲蘭亭山西北有塗山北濱海有三江口三江者一曰浙江一曰錢清江卽浦陽江下流其上源自浦江縣流入至縣西錢清鎮曰錢清江一曰曹娥江卽剡溪下流其上源自

嵊縣流入東折而北經府東曹娥廟爲曹娥江又西折而北會錢清江浙江而入海又西有運河自蕭山縣流入又東南逕會稽縣又東入上虞縣界又南有鑑湖長十四五里俗曰白塔洋有若耶溪合焉又北有白水湖旁通運河北有三江守禦千戶所在浮山之陽洪武二十年二月置又有三江巡檢司在浮山桃松莊又西北有白洋巡檢司明史地理志

負塗山面蘭亭秦望南屹滄海北環層峰疊嶂緯列左右澄江巨湖經流其中舊浙江通志

三江瀦湖導海萬壑滙流旁則馬鞍駝峰諸山拱峙肩護而陡亹石峽嵌東激湍奔騰直與龕赭小亹形勢相埒實爲東越外藩海門後衛浙江通志

右形勢

案浙江通志各圖屋宇而外凡山川形勢悉用南上北下之法此亦自有所本攷先天卦圖乾南居上坤北居下近來宗漢學者據虞氏易注謂卦有上下而無南北議邵子圖位之非華亭黃氏則又執定卦圖謂凡圖皆宜南上而北下此說但就繪事而論已有不可通者今縣志所列各圖仍舊式者什之六姑兼用二法以免紛更特申明其義列圖於左

全境圖 每方十里

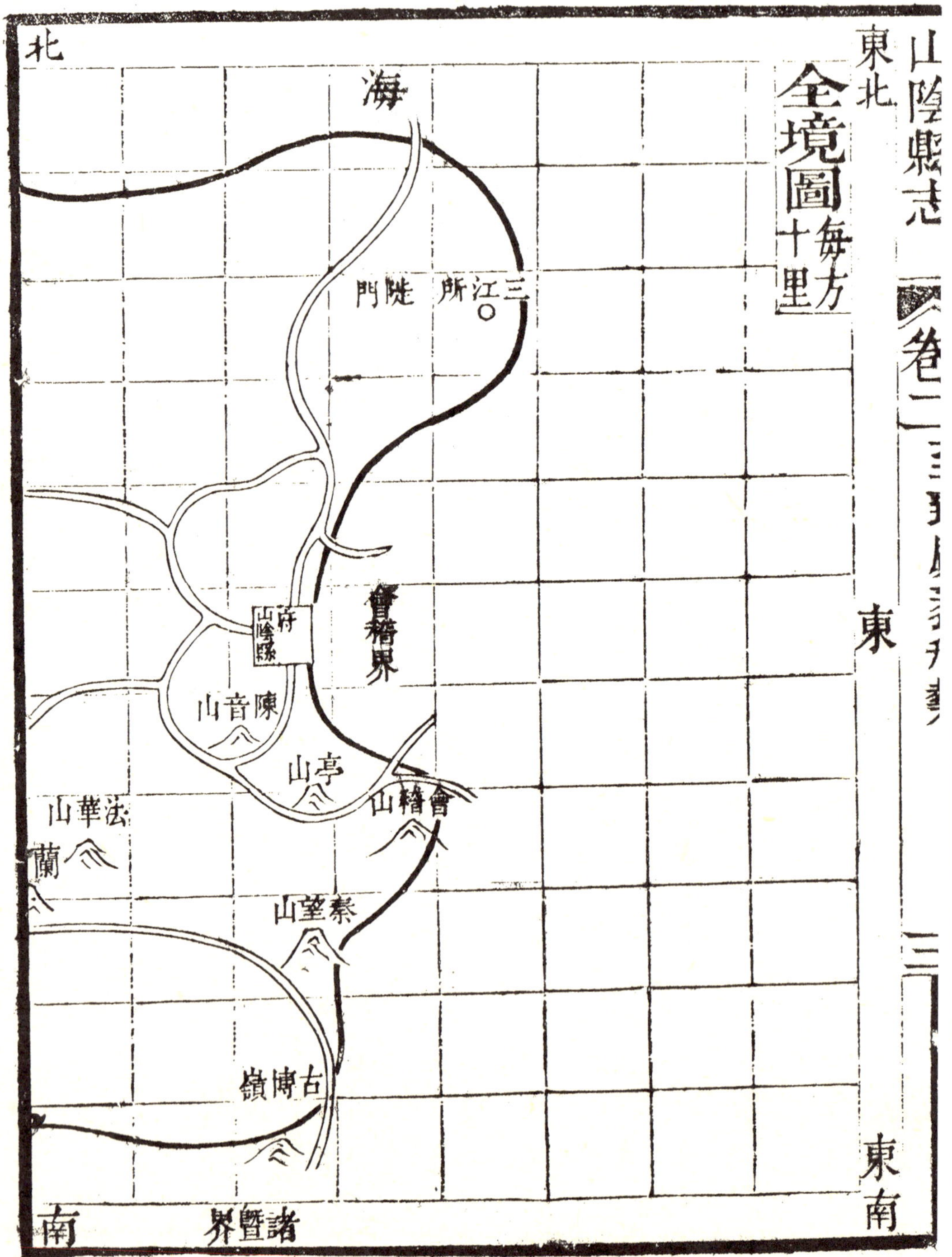

山陰縣志　卷二　至到廣袤形勢

西北

西

西南

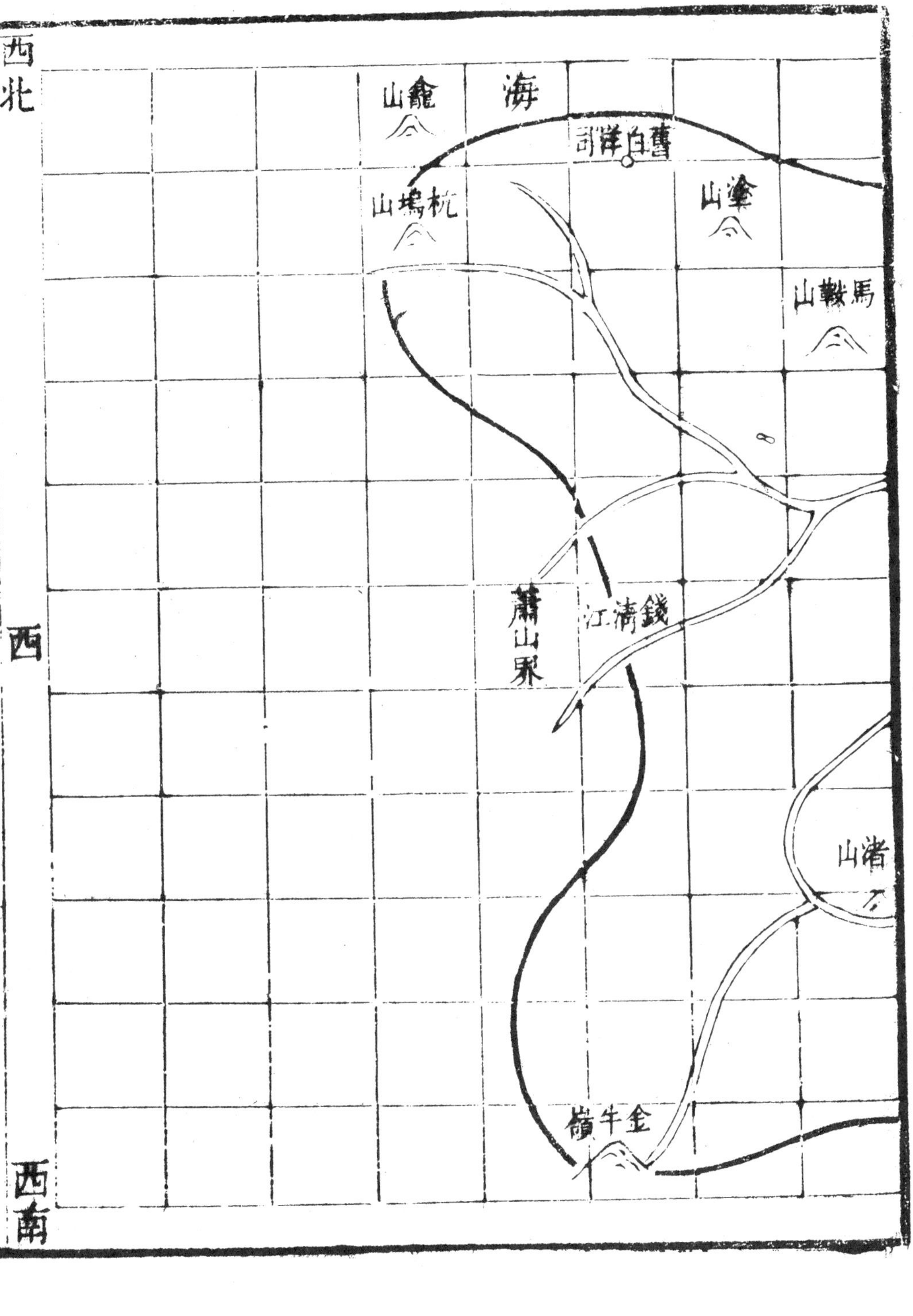

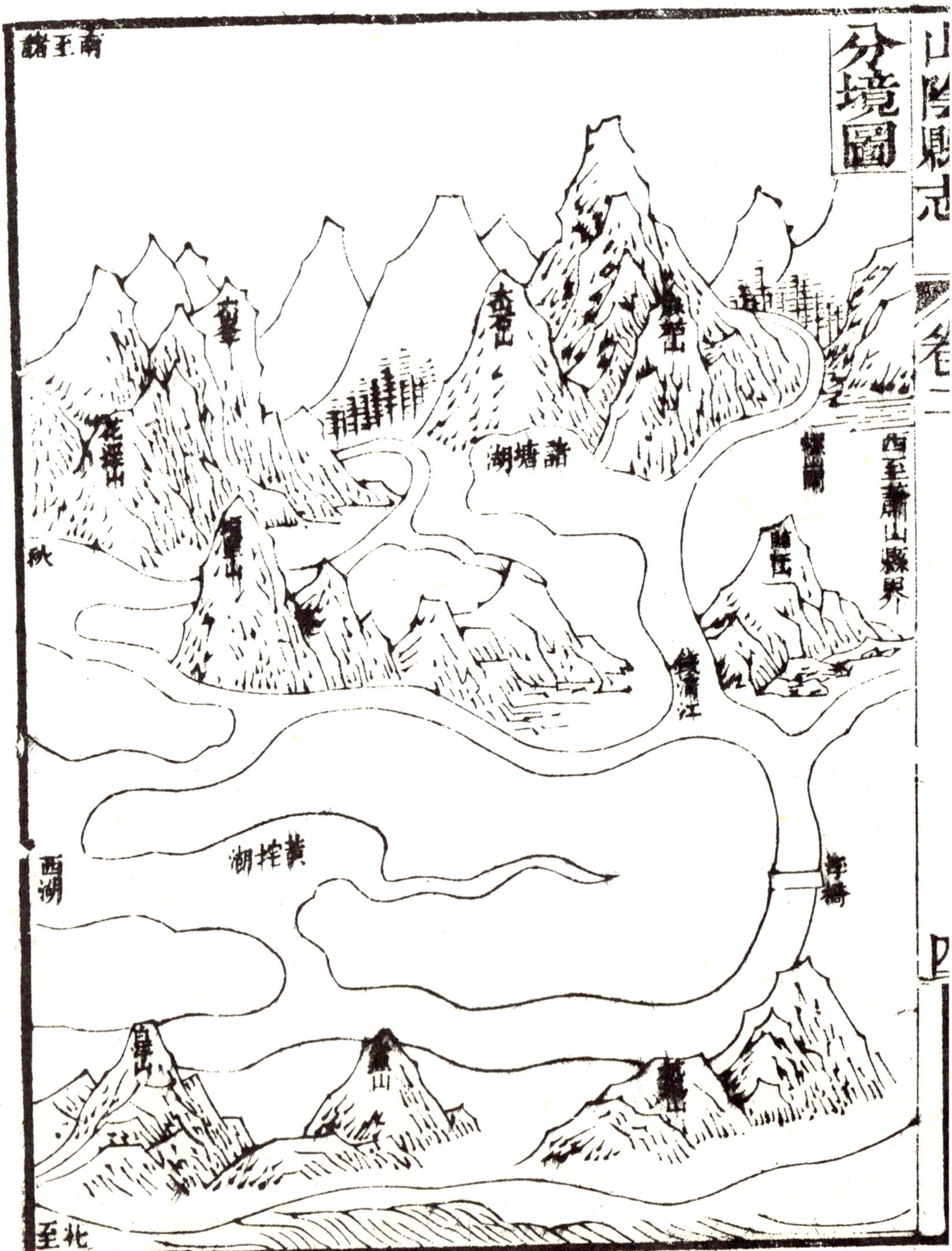

分境圖

南至諸
西至蕭山縣界
錢清江
浮橋
西湖
北至

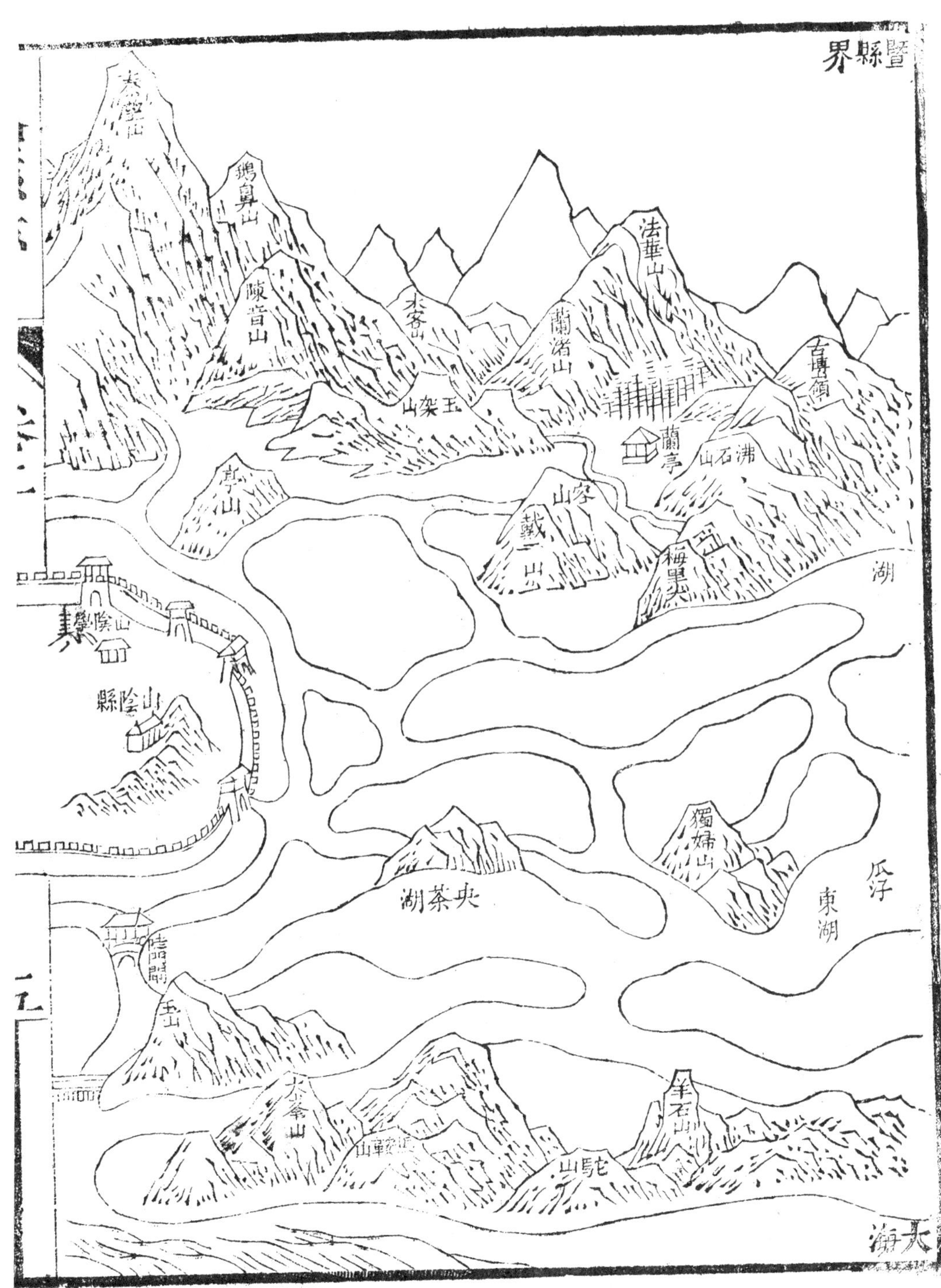
暨縣界
鵝鼻山
陳音山
法華山
蘭渚山
古博嶺
山笶玉
蘭亭
山石沸
亭山
戴山
湖
山陰縣
獨婦山
湖茶夾
東湖
山駝
羊石山
海大

山陰縣志
卷二
五
南至
北至
新婦尖
宋六陵
宝山
鹿池山
香爐峯
天柱山
猴山
南鎮
禹陵
箬簣山
獨樹洋
白塔洋
微山
會稽學
會稽縣
城山
稷山
蟶浦渡
三江所
三江閘口

嵊縣界
雞山
銀山
龍尾山
梅湖
東
嵩壩
東關
東至上虞縣界
鳳凰山
瀝海所
曹娥江
大海

山陰縣志卷二

山陰縣志卷三

土地志第一之三

山海經爲地志鼻祖歷代著錄皆然後人疑其語怪夷之小說家而終爲輿地家言所依託方志山川其遺意矣浙東巖壑競秀爭流故山水各爲一卷舊志謂越城八山中藏而山陰有其六茲仍其例首敍城中之山其城外諸峰舊志不載會稽山大氐泥於縣名故以山相予攷之明史是山首載於山陰條下今敍次城外之山斷以會稽爲首仍有三説焉邑曰山陰者何會稽山之陰爾志邑矣烏得畧而遺之一也會稽皆以名山厥後有郡又厥後有縣是會稽之爲縣半從山名半冒郡名玆邑爲秦舊縣治在隋置會稽以前倚山久矣鄉者固已專而有之二也會稽爲境内諸山之首山陰則諸邑之首也是山襟帶殊廣

全部仰以爲鎮何況首邑況又偏處於其陰耶允宜尊而親之三也

臥龍山在縣治後舊志舊名種山越大夫種所葬處一名重山吳越備史遜王倧於臥龍山西寢後置園亭栽植花竹旦暮登臨倧能爲歌詩亭榭開紀錄皆滅臥龍山名始見於此嘉泰會稽志 案元微之州宅詩序州之子城因種山之勢盤繞回抱若臥龍形寶慶會稽續志 公署據臥龍高亭城隍廟記 錢鏐重修刁景純望海亭記云越據臥龍山爲形勝山之南亘東西鑑湖山之北連屬江與海輿地紀勝 山南舊有白樓亭今遺址無所攷山巔城隍祠其西南越王臺下爲威果營有烏龍井居民櫛比爲臥龍坊嘉泰志

國朝康熙二十七年

聖祖仁皇帝南巡駐蹕改名興龍山浙江通志 今俗呼曰府山

火珠山在臥龍山東隅小而圓絕類龍頷之珠下爲浙東提刑廨上有稽山閣西有識舟亭今廢嘉泰志

蛾眉山在臥龍山之左火珠山之東南山高丈餘長數十丈南至軒亭北至香橼街望之橫黛黝拖青如一彎蛾眉今蛾眉菴下有石隱起僅二尺許者非是舊志

塔山在臥龍山之南下有寶林寺上有應天塔舊名龜山舊志一名飛來一名寶林一名怪山嘉泰志句踐所起游臺也東南司馬門因以灼龜又仰望天氣觀天怪也越絕書吳越春秋云句踐築城已成怪山自至怪山者琅邪海中山也一夕自來故曰怪山後漢郡國志注縣西門外有怪山越起靈臺於山上又作三層樓以望雲物水經注越絕書曰上有龜公冢太平寰宇記寰宇記謂龜山在縣東北者昔時縣治也府志

陽堂山在卧龍山南三里府城跨其脊其南麓出城外踐於河湟一名鮑郎山名勝志　鮑郎本名蓋一名信後漢人葬於此山太平寰宇記　山北百步有鮑府君祠至今猶存舊志　鮑郎事詳壇廟卷

戢山在卧龍山東北三里許產蕺句踐嘗采食之晉王羲之宅在焉後捨宅爲戒珠寺名勝志　明左都御史劉宗周結廬寺左當世楷模舊浙江通志　有蕺山書院天海大觀亭府志　又曰王家山今西有右軍祠後爲戒珠寺故又名戒珠山通上六山皆在縣治內舊志　凡祠寺書院等皆各詳本卷中餘同此例

案邑人張岱黄琢山華嚴寺記謂八山之外尚有黄琢雲山則越城之山當爲十且黄雲大勝蛾眉俗稱已久又謂里中向有築山曲池者亦稱第十山讓詹街有一土山人戲呼十一山後於旁坎中得一石有第十一山字審之則宋思陵筆然二山皆土

而黃雲則石當增此與前八山爲十右說見會稽縣志附記其署以資訂證山陰六山外有會稽所轄之白馬山彭山合爲八山府志引此記與會稽志有異同

會稽山在縣東南十三里周禮揚州之鎮山曰會稽山海經云會稽之山四方其上多金玉其下多砆石勺水出焉史記云禹會諸侯江南計功命曰會稽吳越春秋云禹登茅山以朝羣臣乃大會計治國之道更名曰會稽輿地志云一名衡山有石狀如覆鬴亦曰覆鬴山嘉泰志古防山也亦名鎮山又曰棟山越絕云棟猶鎮也水經注覆釜中有金簡玉字之書黃帝之遺識也山下有禹廟中有聖姑像禮樂緯云禹治水而旱天賜神女即其像也山上有禹穴山東有硎去廟七里深不見底謂之禹井東游者多探其穴吳越春秋一名苗山一名塗山吳夫差入越越王以

甲楯五千保此十道志隋開皇十四年詔就山立祠唐開元十四年封四鎮山爲公會稽曰永興公有南鎮永興公祠太平御覽其支山爲雲門山其東接宛委秦望天柱諸山明史東北接觀嶺上有磐石屹立曰降仙臺一曰茁龍仙人臺永興公祠側有茗隖淘沙徑思古亭遺址山南別峰曰石傘下有唐齊抗書堂范蠡養魚池西北五里即禹井禹廟今爲告成觀又西百餘步有大禹寺菲飲泉案舊經云會稽山周圍三百五十里刻石秦望皆可以會稽名之泊宅編云對案梅里尖其周圍六十里此又兼言寶山也然則會稽山者諸山之通稱耳嘉泰志 案南鎮歷宋金元皆有封號詳壇廟及碑刻卷

案明蔣大鴻辨會稽即今秦望謂諸山惟秦望形削成而方有南流之水與山海經合若天柱香爐宛委水皆北流又引宋陸

參法華山碑云夏后氏巡狩越山方名會稽後世分而爲秦望蠶而爲雲門法華其實一也又稱秦望險峻覆鬴則培塿耳以南鎮廟在其側遂以此當之非也右說見會稽縣志韓昌黎句云嘗聞禹穴奇東去穿甌閩越俗不好古流傳失其眞則此類無定論久矣

琵琶山在縣南五里有玉帶泉府志

侯山在縣南九里舊經云孔愉棲此後封侯又名小隱山舊志一云在縣南四里俗稱九里山者昔時去縣里數府志 案嘉泰志作縣西四里

亭山在城南十里晉司空何無忌爲郡置亭其上明初越國公胡大海攻城嘗駐兵焉西有埜翁蜺巖舊志

姚嶼在府城南十五里與徐山相近舊在鑑湖中府志

方千塢在縣西南十五里唐隱士方千所居有舟行隨路遠路

入萬山迺之句塢西有白峰山舊志

朱華山在府城南二十里府志郡城龍脈祖鷄鼻而宗朱華朱華之脈北委於陳家嶺茅陽方前以及張家山應家山又起琶亭諸山迢遞入城舊志

秦望山在縣南三十里爲越衆山之祖東西兩派皆自南迤邐而止於東北爲郡城水口其東南隸會稽西北隸山陰秦始皇嘗登以望海上有李斯篆碑今亡舊志自平地以趣山頂七里縣磴孤危峭路險絕山南有嶕峴峴裏有大城越王無餘之舊都水經注嘗上會稽東山自秦望之巔並黃茆無樹木側有三石筍有水一泓蓋即嶕峴也府志引西溪叢語

望秦山與秦望山相接稍北秦始皇登之以望秦中一名卓筆又名天柱舊志

鵝鼻山一名刻石府志在縣南三十里與秦望聯絡跨山會諸暨

三界其山險絕舊志

花塢在縣南三十里謝家橋之上每春夏之交叢篁陰鬱有上皇風舊志

五峰山在縣南三十二里嘉泰志

香爐峯西爲山陰東爲會稽自九里馬家埠而上溪壑幽邃舊志

何山在府城西南四里府志有塔久廢近復營之頗增湖山之麗嘉泰志今下有何山菴無塔府志舊傳梁何允隱此舊志案會稽所轄亦有何山

陳音山在縣西南四里許舊志善射者陳音死越王傷之葬於國西號其葬所曰陳音山吳越春秋

烏土山在縣西南四里嘉泰志

印山在山陰縣西南五里府志形如龜又呼爲龜山舊志

賴山在府城西南六里俗名外山府志

絹山在府城西南十里府志

磑山在府城西南十里有石泉可瀹茗府志

彈丸山在府城西南十五里府志下有方隖渡嘉泰志

麻林山在山陰縣西南十五里一統志一名多山越絕書

徐山在府城西南十五里鏡湖中府志

甑山在府城西南十五里府志

海山在府城西南十五里府志山多桑竹下有居民三四十戶以漁釣爲業嘉泰志

梅里尖在府城西南十八里府志以梅福里得名與臥龍山相直府志

龍尾山在府城西南二十里與臥龍首尾相望泰新府志在府城西南十五里

峽山在府城西南二十里兩山夾水府志

外山在府城西南二十五里其形回旋產竹木府志　案城西南六里之賴山亦名外山

法華山在縣西南二十五里晉義熙十三年僧曇翼誦法華經感普賢應現因置寺今爲天衣禪院山有十峰咸平中裴使君莊各命以名一法華二衣鉢三積翠四朝陽五雲門六倚秦七天女八嘯猿九起雲十月嶺其下二溪東北流冬夏不竭唐李邕天衣寺碑云其峰五蓮其溪雙帶萬齊融碑云雙鳥所以示兆今尚翔鳴舊經云山有雙鳥雛長則送出之嘉泰志

花徑山在府城西南二十五里府志山多桃李若雲錦包絡山谷舊志　案嘉泰志徑作逕

直步山與花徑山近下有溪入鏡湖府志

容山在縣西南二十七里舊志

木客山在縣西南二十七里越絕書木客大冢者允常冢也初徙瑯琊使樓船二千八百人伐松柏以爲桴故曰木客一曰吳王起宮室越王使三千餘人入山伐木欲獻吳王一年無所得木工思歸而歌木客之吟一夜天生神木一雙大二十圍長五十尋獻之府志

蘭渚山在山陰縣西南二十七里卽越絕書句踐種蘭渚田及晉王羲之修禊處宋祥興元年會稽唐玨等以玉函葬宋陵骨於此一統志有蘭上里水經注

花蕊峰明徐渭集秦望山東南下折有峰紫鐵色錯豎似花蕊土人呼曰雄鵝窠予贈名云花蕊峰府志

項里山在縣西南三十里俗傳項羽避讐於此下有項羽祠舊志

六峰山在府城西南三十里有溪出山麓居民百餘戶嘉泰志

離渚山在縣西南三十里內有謝尚書塢舊志

玉架山在縣西南三十三里舊志

玏巖山在縣西南三十三里府志

寶蓋山在縣西南三十五里舊志

柯山在山陰縣西南三十五里一統志下有柯水上有勝覽亭今廢東有石佛高十餘丈府志蔡邕經會稽高遷亭見屋椽竹可以爲笛取用之有異聲漢書蔡邕傳注伏滔長笛賦云柯亭之觀以竹爲椽邕取爲笛其聲獨絕柯山得名以此浙江通志

青蓮山在縣西南四十里舊志

妃子嶺在郡城西南四十里朱華峰後嶺有鄒陳二妃廟府志

古博嶺在山陰縣西南四十五里一統志南達楓橋至諸暨界曠

寂稀人烟多虎豹棲止俗訛爲虎博嶺府志

石門嶺在縣西南五十里舊志

九嶺在縣西南五十五里舊志

銅井山在縣西南六十里有龍潭歲旱多往禱之舊志

黄山嶺在縣西南七十里舊志

巧溪嶺在縣西南七十里以溪得名舊志

看怕嶺在府城西南八十里今建雲衢菴設茶亭府志

駐日嶺在縣西南八十里頗深險與諸暨界連一統志

蕭家嶺在縣西南一百里舊志

藏山嶺在縣西南一百里舊志

西竺山在縣西南一百一十里東麓有慈恩寺舊志

大尖山在縣西南一百二十里舊志

青化山在縣西南一百二十里有石屋有龍湫麻溪水環於山麓舊志案通志作凊化

亚浮山在縣西南一百二十里上有丹井舊志案府志作浮亚一統志合青化爲一山而府志越王山條又云上有丹井卽浮亚矣蓋山非兢名書罕責實故也安所得賈耽李昉其人者爲之訂訛而砭俗耶

麻姑山在縣西一百一十里舊志案府志在城西南

晃旎山在縣西南一百一十五里又名大巖宋時錢塘宮闕與山相對舊志

越王山卽越王崢在縣西南一百二十里句踐棲兵於此又名棲山上有丞馬岡伏兵路洗馬池支更樓故址舊志秋巖在越王山宋葛慶隆藏修之所卒因葬焉府志淬劒石在越王山府志

白峰山在縣西南一百二十五里舊志

三山在縣西九里與臥龍岡勢相連嘗發地得吳永安晉太康

古甎嘉泰志在鑑湖中陸游游息之所舊志

聖女山在縣西二十九里府志又作十九里

贔石嶺在縣西三十里舊志

豪嶺在縣西三十里舊志

不負嶺在縣西三十里舊志

蜀山在縣西三十五里在柯山東俗名獨山舊志

蓬山在府城西三十五里府志

茆洋嶺在縣西三十五里舊志

嶽翠嶺在縣西三十五里舊志

葑里山在縣西四十里舊志

撻石嶺在縣西四十里舊志

容山嶺在縣西四十五里舊志

古城嶺在山陰縣西五十里越王允常築城處 一統志 案舊志作六十里

龍山在府城西五十里近錢清 府志 案舊志作黃龍縣西六十里

荊塘嶺在縣西五十五里世傳禹築塘斬防風氏 舊志

鳳凰山在縣西六十五里邑有二鳳凰山一在縣南七里許 舊志

梅花山在縣西六十里即獅子山地名前梅明詩人高廩築舍其下 舊志

低嶺在縣西六十三里 舊志

箬嶺在縣西六十二里 舊志

紫砂嶺在箬嶺北有紫砂 府志

了髻山在縣西六十三里 舊志

遮翠嶺在縣西六十五里陸放翁曾卜居於此俗名車水 舊志

大嶺在府城西六十五里一名梅山嶺延聯七峰 府志

牛頭山在縣西六十五里唐天寶間改名臨江山案舊志有石疏理中通入水則浮名浮石明王守仁改名浮峰峰南有石如臺小江縈其西江之西爲蕭山界舊志案府志在西北案縣界西至蕭山五十里以錢清江爲界則隔江六十五里之山不應尙屬界內舊志闕入山陰府志山蕭兩載而引太平寰宇記云山在蕭山縣東南水陸竝行二十里其山北江水回流舟行信宿猶經舊處萬渚記云牛頭苧蘿一日三過据此則臨江一山或跨山蕭二境而案今地圖究在錢清江以西則屬之蕭山爲確也

石斑嶺在縣西七十五里產五色石舊志

東眺山西眺山在縣西八十三里二峰至高舊志

石頭嶺在縣西九十三里案舊志作九十二里新府志引縣志作九十三里

羊石山在縣西北三十六里有石如羊上有石佛舊志

馬鞍山在府城西北四十里天寶七年改爲人安山府志

上方山在縣西北四十里有上方寺舊志陳氏譜云後晉天福二年建府志

下方山一名玉屏在府城西北四十里與上方相連陳氏譜云後唐長興元年司空陳父捨宅爲寺曰壽安菴宋勅改爲壽量寺府志

寶林山在縣西北四十里山南有龍井禱雨輒應舊志潦不溢旱不枯府志

塗山在縣西北四十五里舊經云禹會萬國之所蘇鶚演義云塗山有四一會稽二渝州三濠州四當塗然塗之石陵寢皆在此則左氏傳所謂禹會諸侯於塗山卽此山明矣舊志左傳塗山杜

貢解云在壽春東北水經注江州縣水北岸有塗山應劭曰在永興北永興今蕭山縣也府志

笥石在塗山北府志

西余山在縣西北四十二里舊志

金帛山在縣西北四十三里其嶺有九龍池舊志

碧山在縣西北四十八里石色碧潤一名黨山北有洞極深奧山南有捍沙大王廟舊志

石姥山在府城西北五十里府志

烏風山在縣西北五十里一名龜山濱海今名白洋山舊志南麓舊設白洋巡司一統志

蜀阜山在縣西北四十五里一統志作五十舊經云山自蜀來帶兒婦二十餘人善織美錦言家在西蜀今忽至此一云句踐伐吳置

寡婦其上以激軍士故又名獨婦山舊志

梅山在縣北一十五里一名巫山舊志巫山者越軀神巫之官也死葬其上朱育對濮陽興曰越王翳遜位逃於巫山之穴越人熏而出之陸農師適南亭記云昔子真之所居也少西有里曰梅市西南有永覺寺梅子真泉適南亭竹徑茶塢嘉泰志

雷山在龜山北二十里潮至聲如雷舊志

下馬山在縣北二十五里亦名蟾山俗名蝦蟆山舊志

玉山在山陰縣北三十里兩厓對峙唐觀察使皇甫政鑿此山置閘八郎斗門以洩府境及蕭山縣之水出三江口入海一統志有越王山堰皇甫政鑿山以蓄泄水利唐書地里志

禹山在縣北三十里舊志

瓆山在縣北三十里小江經其北舊志

蓬萊山一名駝峰俗名大峰有風洞在府城北三十五里俞亢思乘賸云外塘未建以前茲山尙居海中縹渺浮波宛然蓬島今案其旁小山曰夾蓬兩山間有牐曰夾蓬牐西南隅小橋曰蓬萊橋山下廟額曰主管蓬萊此名跡之可證者雲海最奇風洞亦靈異耕者望之以占晴雨峰頂蘭若舊有浴日亭遺址又有墨池王尚書讀書處迤邐下南坡即蓬萊古社其西崦叢篁中爲性公點石精廬止上人所重葺北有獅子巖牛游岡雞冠石石罅泉諸勝形家言駝峰爲郡治之後障捍門之水口與下馬禹山竝爲沿海要區府志

鎚頭山在縣北四十一里府志

六山在縣東北二十里舊志越絕書云句踐鑄銅不鑠埋之東坂上生馬箠乃取之徙種於六山飭治爲馬箠以獻吳高廣尋丈

壘列澤中唐天寶六年改爲句踐山上有六山鋪府志在縣北十四里屬會稽嘉泰志

石城山在縣東北三十里錢鏐討董昌攻石城山下有石城里舊志

棠紫塢去縣七十里有清慧菴遺址舊志

防塢越絕書云所以遏吳軍也去縣四十里府志

案以上二塢方所皆失載

檀宴山在縣東十道志云謝靈運游宴處嘉泰志 案上虞亦有此山蓋與之相連本一山也府志

浮山在府城東北三十五里與三江所城相對府志

蒙擡山在城東北四十里與浮山相對上有烽堠府志

戴於山遠望若兩山其實一山也舊有戴於二姓居之嘉泰志

馬嗥山吳伐越大風騎士墮死匹馬啼嗥越絕書

案以上五山舊志不載府志列於山陰條下今仍之

應家山在府城南十里秦望西北獅子山與應家山相連府志

方前山在府城南十五里許府志

陳家嶺在縣南二十五里府志

大慶山在府城南三十里與日鑄嶺相近府志

案府志云應家山以下五山地里書不載惟土人能指名其處乾隆五十六年有奸民私開應家山採石燒灰紳士具呈請郡守申禁云云所云五山地志不載者疑今古殊稱名實互假紛紛巖壑中殆難徧攷而確指之今志所載悉姑仍其舊云

右山

附

嚴禁鑿山碑記畧

闔郡紳士里民爲遵憲勒石永禁開鑿以護府龍來脈以保全越生靈事竊惟越郡龍脈祖鵝鼻而宗朱華由陳家嶺苧陽方前廳家邑亭鮑郎諸山分枝舒幹迢遞入城形勢蟠偃因名臥龍凡公署神廟以至紳士室廬無不藉其庇蔭且龍活脈保護則福戕損則凶歷來應驗如響先輩公同永禁不意明崇禎年間奸民將陳家嶺開鑿燒灰府城旋遭火盜當蒙府主王諱期昇嚴行飭禁猶恐不肖藉口已山嗜利復開隨將蘭字十二號至二十六等號山捐俸贖買當即追由入官現有彼時領價里民羅藎不敢盜獻官山認呈案存本府軍廳迨順治丁戌之交奸徒借葺禹廟朦呈請示採石燒灰致傷龍脈爾時道府廳縣一時相繼解綬搢紳亦因以彫謝山陬村落咸遭土寇焚掠殺

傷慘狀闔郡皆知又順治十一年間被土棍丁南岳等開鑿茅陽禁山災殃立至庠生徐允升等公呈道憲朱諱盧蒙批署府吳諱勉會同紳衿登山踏勘案驗往牘懲治南岳嚴行重禁自後二十餘年奸婪屏跡詎意康熙十年間南岳之子達禁開鑿茅陽又賴庠生朱允祿等揩紳姜天樞等公呈道府廳縣當蒙府主張諱三異遍請闔郡紳士公同踏勘隨詳部撫司道各憲復蒙道憲史諱光鑑審禁通詳各憲俱行嚴批勒石永禁開採碑豎府門乃有嗜利蔑法之楊瑞東等於康熙十三年春夏間糾集奸徒於久禁陳家嶺官山誑呈開鑿以致秋冬之際山寇突興較之丁戊年間慘害尤甚而庠生朱驊元等於康熙十四年九月復具呈山陰縣主高諱登先紹興府主何諱源濬出示嚴禁據詞轉詳分巡寧紹道許諱弘勳蒙批據詳陳家嶺獅子

茅陽應家諸山既係府城來龍所關歷有禁約且諸搢紳先生異口同辭俱云不可開採仰府照舊嚴禁仍行鐫石垂諸永遠以告後之守土者等因允升等仰遵憲德置碑二通備勒歷禁諸案一建本府一立盛塘上埠詎康熙十七年間又有嗜利之徒借修大能仁寺誑呈開鑿應家山復賴庠生徐允升等具呈本府劉諱涵之蒙批陳家嶺獅子茅陽應家諸山歷奉憲禁不許開鑿悉有成案嚴行永禁以杜奸患以保全越奉此今特備列以示後人

駝峰山禁開鑿事畧

形家者言駝峰爲郡治後障郡城之捍門水口此與下馬禹山並爲沿海要區如一開鑿則全郡脈傷而海潮亦無所抵雍正十二年海寧塘工方興奸民覬覦伐石詭稱是山爲蜒蚰山石

堅可用制府嵇公悉其奸狀下令永禁今府城隍廟正殿東楹有碑乾隆丙子夏宋家漊築塘奸民改山名爲烏猪山倡石多運易之說時十號官悉爲所紿連名申請開鑿憲合將下宕匠皆操椎以待沿海輿情甚恐幸監司羅立齋公力持不可星夜扣戟門白事而制府哈公亦素重羅公言立命禁止

山陰縣志卷三

山陰縣志卷四

土地志第一之四

江河皆水之專號各爲一瀆雖或析而爲三疏而爲九仍各合爲一以入於海後來某江某江名隨地立可也至云某河某河則以百川冐一水之稱而忘其南北懸絶是則不經之甚者雖與道古矣越故稱澤國城中多可通舟楫有浦陽錢清及三十六溪以裕其原復有海以承其委玆首紀諸河次湖次諸水次江各由西而南而東北殿以海而觀止焉所謂先河後海聊借以立詮次之目若夫顧名思義則前言亦可自鏡也

城内水之巨者曰縣河東自蓮花橋西通王公池舊志

簞醪河在府西二百步山陰境府志在縣治東郎府河舊志一名投醪河句踐投醪之所又名勞師澤嘉泰志華安仁攷古云郎府東

大河然俗以府學前西河爲是又以新河北滙水爲之經也府志案簞醪河寰宇記列於會稽境疑府學西一河實會稽境也華氏謂府東大河似屬通津則常禧門北流之水也難以確指姑從前志府志

府河在府東一里跨山會界浙江通志嘉泰志云在城南二里屬會稽縣東南流經府市北出定清門入運河又西北流由蕭山達於浙江案山會二邑即以此河爲分界至謂達於浙江則今昔不同也府志

城外之河曰運河自西興來東入山陰徑府城至小江橋而東入會稽府志宋紹興年間運漕之河也去縣西一十里西通蕭山東通曹娥橫亘二百餘里舊經云晉司徒賀循臨郡鑿此舊志

新河在府城西北二里唐元和十年觀察使孟簡所浚嘉泰志山

陰北五里有新河西北十里有運道塘水經注

三江城河在三江所城下是各縣糧運往來之道舊志

江北河在西江之北大海之南舊志

西湖在縣西八十里廣五十畝舊志

牛頭湖舊名後山湖在縣西六十五里廣二百餘畝有隄舊志

菱塘湖即菱塘湖在縣西五十五里嘉泰志又名芝塘湖近多侵佔爲田舊志

黃湖在縣西北五十二里廣二頃九十八畝舊志

容山湖在縣西三十五里廣三十餘頃舊志

秋湖在縣西三十五里廣三頃舊志

瓜瀦湖在縣西三十里有前後二湖廣千餘畝旱則涸舊志

青田湖在縣西十五里周回二十餘里舊志

石湖在縣西三十里廣一百頃舊志

感聖湖在縣西三十里宋高宗避兵泊此與瓜渚湖相連舊志

鏡湖在縣南三里即古南湖又名長湖亦名大湖東漢太守馬臻濬周三百五十八里宋漸廢今爲田俗呼白塔洋僅十餘里舊志參攷名勝志若耶溪合焉明史案寰宇記湖隸山陰府志詳會稽以源出會稽五雲鄉也今詳水利卷中

天照湖在縣東三里舊志

黃垞湖又名太師湖在縣北三十五里廣數百畝舊志

狭猹湖在縣北一十里周回約十餘里俗呼黃鯀湖潦則盈旱則涸舊志

白水湖在縣北十里通運河舊志

錢家湖楊家湖馬安湖上盈湖下盈湖屭石湖撞石湖碓石湖

相湖竝在城南乃鑑湖之別名今皆爲田舊志

旒溪在縣西南一百二十里出自晃旒山合流西江舊志

相溪一名西溪在縣西八十里自藏山嶺折流北至鎖秀橋下分爲二派舊志

虞溪在縣西七十五里北至淸潭舊志

上淺溪在縣西南七十里發自銅井山北至下洋爲虞溪舊志

巧溪在縣西南七十五里崇山下有微泉無源而漸流漸盛舊志

白石溪一名東溪在縣西七十八里上承虞溪北流至登仙橋分二派一入錢淸江一入鄭家閘達於査浦舊志

白龍溪童子溪竝在縣西南六十里受容山諸澗水出相溪舊志

芝溪在縣西四十七里餘支橋南舊志

餘支溪在縣西四十七里源有二一溫一涼滙而不襍亦鏡湖

別派舊志山海經所謂若水也水經注案水經注云縣西南四十里

離渚溪在縣西南三十里發自六峯諸山北入鏡湖舊志

蘭亭溪在縣西南二十七里發自古博入鏡湖舊志

南池溪在縣西南二十六里發自秦望法華諸山入鏡湖舊志

雙溪澗在縣西南三十里出自法華山入鏡湖唐李紳有十峯排碧落雙澗合清漣之句舊志自注法華寺前後有十峯雙澗嘉泰志

離渚在府城西三十里發源自唐里六峯諸山合於離渚溪唐康使君所居府志

蘭渚在縣西南二十五里有亭嘉泰志

査浦在縣西一百里句踐陳兵處舊志案一在新昌府志

射浦一名射瀆在縣南五里句踐使陳音教射之處舊志陳音死

葬蒲西越絕書

霜瀆在縣西北二十五里在瓜渚湖舊志

薛瀆在縣西北二十里舊志

楊瀆在縣西北十二里舊志

官瀆在縣西北一十里舊志句踐工官也越絕書

甲瀆在縣北三十八里舊志

袍瀆在縣北十五里舊志

歡潭在縣西南一百三十里水清味甘舊志

潮止潭在縣西八十里廣二十餘畝小江潮至此而止舊志其水冬溫夏寒府志

清潭在縣西八十里清瑩如玉又名碧潭舊志

包家潭在縣西北二十里舊志

石潭在縣西北一十八里潭底有活石舊志

月潭在縣西九里鏡湖三山之西舊志

壽潭在月潭西舊志

白魚潭在縣西北一十里舊志

朱家潭在縣東北一十八里舊志

蘇家潭在縣南一十八里舊志

破潭在縣東南一十一里廣八十畝明敃日盛塘舊志

照潭在縣南八里舊志

射的潭在縣南仙人石室下潭深叵測嘉泰志

洗馬池在縣西八十五里越王山上舊志

甘草池在縣西四十五里夏履橋西湖廟近舊志

蘭亭古池在縣西南二十五里嘉泰志

墨池在縣西南二十五里蘭亭橋東宋志華鎮記云每朝廷恩命至池水必先黑舊志

鵝池墨池相近舊志

南池在縣東南二十六里一名范蠡養魚池府志池有上下二所皆廢爲田舊志

九龍池在縣北三十五里舊志

西禪池在縣北五里舊志

向家池在縣西北三里宋時向皇后泊舟於此舊志

王公池在府西園錢氏有國有後亭榜曰鳧雁之樂實起於池中後稍堙太守王逵復闢遂爲奇觀輿地紀勝今園廢池存賤民襍居其旁一洿池耳府志

龜山魚池在縣西一百步龜山下嘉泰志

琵琶池在縣西二里舊志

龍噴池在縣西南舊志

石家池在縣東北織染局舊志

司馬池在縣治北如墅倉西舊志

泠然池在蕺山下舊志

唐家池去縣百步舊志

天池在觀巷徐青藤宅舊志

浮丘公丹井在城西南一百二十里府志

陸太傅丹井在法雲寺府志

梅福丹井在梅里尖府志

方井在通判北廳臥龍山足今名臥龍泉府志

烏龍井在臥龍山顛宋淳祐時趙與傑浚府志

古琵琶井在軒亭口湮沒已久順治庚子冬火災井始出會稽庠生姚奕買爲義井府志

子眞泉在梅山本覺寺嘉泰志今祠前有井甚洌疑卽此泉在城北十五里陸放翁銘曰東北七里疑有誤案子眞泉嘉泰志列於會稽一統志列於山陰今梅山在山陰或嘉泰時隸會稽也府志

半月泉在法華山天衣寺側嘉泰志

寒溪溫泉寰宇記云在鑑湖西一名寒溪一名溫泉暑月則冷冬月則溫輿地紀勝

玉帶泉在琵琶山下味甘而洌浙江通志

三汲泉在城內臥龍山麓有水數斗然未嘗竭也浙江通志

柯水山陰二十里柯橋其下爲柯水嘉泰志東北徑永興東與浙

江合水經注　柯山下有溪一帶土名柯溪府志

紀家滙在縣西南一百里舊志是錢清江上流府志作縣西七十里　案嘉泰志

大泗滙在縣西北四十五里舊志

大滙在縣西南十五里即鑑湖南塘舊志

紫溝滙在縣東百步舊志

錢清江在縣西五十里案舊志即浦陽江舊志浦陽江下流漢劉寵投錢處今通爲運河江廢府志

浙江北徑山陰縣西水經注　江水至會稽山陰爲浙江晉灼漢書注　漢以前俱經山陰城外唐以後淤塞府志

西小江在縣西北四十五里源在諸暨之浣江分爲二派初出天樂經流蕭山轉東北達於海自太守彭誼建白馬山閘以遏三江口之潮閘東爲田而江水不通於海矣舊志　江濶一里餘湖

高至八尺嘉泰志舊記又云西通錢塘江後爲江潮淤塞舟不能行或久雨則鄰田大受其害府志

海在縣北三十里曹娥錢清浙江三水所滙謂之三江海口明一統志山陰去海四十里府志三江海口去縣西北五十八里北望嘉興之澉浦西連浙江舊志北流薄於海鹽東極定海之蛟門西歷龕赭入鱉子門抵錢塘而江湖之水宗焉商賈若內河勞費或泛海取捷謂之登渾渾渾者海中沙也風恬浪靜瞬息數百里狂飈忽作亦時有覆没天雨初霽海中有蜃氣大爲奇觀秋冬值風雨之候時有海氣彌望蓊鬱府志

右水

山陰縣志卷四

山陰縣志卷五

土地志第一之五

古者室以宮矩宮以城矩是知作邑必先作城而周禮辨方正位數言則經營之次第尤可見也山陰之爲邑其治則先秦也其城猶古邈也雖今昔制異南北境殊而舊聞往牒尚粲然於數千百祀以前謂非稽古之幸與舊志所載頗簡而明但其發端云山陰大城范蠡所築治也自郡治山陰即爲郡城以衆說証之則語誠未斟不免襲誰氏之誤蓋無餘大城在秦望之陽范蠡所築大城在其陰句踐小城今所因以爲郡者則又稍徙而西北與蠡城中隔一龜山不相及也兹芟繁舉要以著山陰名城之所由來因以次條其規制有文字所不能詳者別爲圖於後以章之至舊志敘列西南北方各門其在東偏者該以其

某皆隸會稽一語書法當矣今顧舉四周之門連類通載者良以縣雖附郭體本專城卽彼會稽無非互倚同治比而壹之將以昜寅恭重封守也其敍次準三輔黄圖長安十二門之例城之崖略具矣其他建置亦類著於篇

大城者先君無餘之國在南山之陽吳越春秋秦望山南有嶕峴峴裏有大城水經注

山陰大城又謂之蠡城范蠡所築治周二十里七十二步陸門三水門三越絶書西門外百餘步有怪山水經注在怪山之東南府志

小城者句踐小城山陰城也周三里二百二十三步陸門四水門一越絶書范蠡觀天文法紫宫築小城周千一百二十一步一圓三方西北立龍飛翼之樓以象天門東南伏漏石竇以象地戸陸門四達以象八風外郭築城而缺西北示服事吳也吳越春秋

吳王夫差伐越，有其邦，句踐服爲臣。三年，吳復還封句踐於越，東西百里，北鄉稱臣事吳，築城北，其門東爲右，西爲左。越絕書

秦置縣，即越小城爲縣治。府志　置在會稽山北，龜山西。太平寰宇記

羅城，隋開皇中越國公楊素所築。舊志　又修小城爲子城，周十里。會稽縣志　楊素修郡城，加廣至四十五里，名曰羅城。舊圖經　羅城周回二十四里，步二百五十。熙寧中，郡守爲會稽圖，其敍如此。舊經云四十三里者，非也。今州城以步計之，八千八百二十有八。按步三百六十爲一里，今步數總歸於里，亦二十有四，餘步百八十八，較之圖序所損六十有二。嘉泰志

唐乾寧中，錢鏐修羅城。寶慶志

宋皇祐中，守王逵加修羅城，且浚治城壕。舊志　嘉祐中，刁約守越，奏修子城記。案舊志云子城皇祐初刁約所奏築，此云嘉祐者，或彼言其始，此舉其終，至以修築爲奏築，則固有

山陰縣志　卷五

別矣云高二十丈北因臥龍山環屬於南西抵於堙尾長九千八百尺城之門有五嘉泰志宣和初劉忠顯名韐治城禦方寇嘗稍縮其西南隅此是羅城嘉定十三年守吴格雖加葺補而旋復摧圮十六年守汪綱乃按羅城重加繕治并修諸城門舊志

元至正十三年浙江廉訪僉事篤滿帖睦爾增築加廣規一鄉入城内始甃以石闢塹遶之城身東高一丈四尺西一丈五尺南一丈六尺北一丈四尺面之厚東一丈八尺西一丈七尺南一丈五尺北一丈八尺脚則東二丈一尺西一丈九尺五寸南一丈九尺北二丈二尺城樓九敵樓五月城十三兵馬司廳九窩鋪一百二十五女牆八千五百四十至正十八年樞密副使吕珍鎮越增浚壕塹府志

明嘉靖二年秋颶風大作城半圮知府南大吉修復之三年冬

又修其傾頹者女牆悉易新磚高四尺六寸厚一尺復濬鑿內外池外池東廣十丈深一丈西廣八丈深一丈二尺南廣八丈八尺深九尺北廣五丈深八尺內池俱廣一丈八尺深七尺崇禎十六年秋金華山賊聚衆倡亂鄉官余煌議請於署府事推官陳子龍增設耳城五處舊志參攷府志

國朝順治十五年部都院李率泰檄府增高女牆六尺四寸并二爲一凡女牆十置一砲臺稱壯觀矣康熙六十年閩臺灣不靖海上告警知府俞卿修補城垣計築七百四十九丈餘雍正七年巡撫李衛奉

旨檄知府顧濟美勘修乾隆十一年知山陰縣林其茂修之二十三年八月風潮沖壞城垣二十五年知山陰縣萬以敦修之三十一年知會稽縣舒希忠修之府志

東之南曰東郭門乃水門也元名東明（會稽縣志）

正東曰五雲門郡國志云古雷門句踐所立以吳有蛇門得雷而發表事吳之意（寰宇記）山陰康樂里有地名邑中者是越事吳處故北其門以東爲右西爲左故雙闕在北門外闕北百步有雷門（水經注）

東之北曰都泗門即都賜水門元名元陽（會稽縣志）

南之東隅曰稽山門元名鎮遠由此門達禹陵（會稽縣志）

正南近東曰植利門俗謂南堰門（舊志）

正南曲而西折曰西偏門即水偏門（舊志）

南之西隅曰常禧門俗謂岸偏門二偏門相隔一里（舊志）

西之北曰西郭門舊名迎恩門古臥薪處也（府志）

北之東曰昌安門即三江門（舊志）

城周二十三里有奇自昌安門東界石起至植利門西界止爲山陰屬共長一千八百八十丈有奇原堞三千六百一十四攺造并堞一千六百五十府志西南隸山陰東北隸會稽一統志雖東西分域山陰實居其大半舊志

三江所城明洪武二十年信國公湯和築在城北三十里浮山之陽踐山背海爲方三里二十步高一丈八尺厚如之水門一陸門四北則堵焉城樓四敵樓三月城三引河爲池可通舟楫兵馬司廳四窩舖二十女牆六百五十八墩臺七

國朝乾隆九年山陰縣林其茂撥款重修二十三年八月風潮沖壞所城三十五年知縣萬以敦重修舊志叅攷府志

三江巡檢司城在龜山之上浮山之北麓與三江所城南北相峙爲東海之門亦湯和所築門一西出嘉靖初增女牆方一里

二十步高二丈厚一丈八尺樓一窩鋪四女牆三百六十六舊志

在城北四十里府志

白洋巡檢司城在縣北五十八里府志城北五十里大海之上有白洋山緣山而城亦湯和所築方一百一十丈高一丈一尺厚一丈城門一樓鋪四女牆一百七十六舊志案以上二條與志山卷中不無異同姑仍以俟考

附廢城曰苦竹城在縣西南二十九里越絕云句踐滅吳還封范蠡子於此曰越王城在縣西南四十七里旌善鄉今尚名古城舊經云有越王墓也曰石城在縣北三十里有石城里吳越備史云乾寧三年錢鏐討董昌白西陵攻石城即其地曰陽里城范蠡城也水門一陸門二曰北陽里城大夫種城也徑百九十四步曰古城吳山陰令朱然築曰錢清城在錢清鎮舊志叅攷府志

府治在臥龍山麓並郡佐各署應入府志學署詳學校卷中

縣治在府治西一里唐大曆七年建於承天橋東在寶林山麓去府治五里許元泰定二年始遷於今所府志卽宋上下省馬院故址也舊志舊制正廳三間左幕廳右庫各一間幕廳左冊庫三間正廳南甬道中爲戒石亭東西廂吏廊一十八間儀門五間門之外左爲土地堂三間賓賢館三間鹽倉三間右爲攢造所爲獄直南爲大門門之外左爲旌善亭三間右爲申明亭三間正南爲屏牆廣九丈二尺正廳後氷檗堂一間堂東退思軒三間西洗心軒三間今俱廢軒前有路登山達光化亭亭三間東西耳房各三間嘉靖十年知縣劉昺建有光化亭記亭之南下當卧龍之麓爲知縣廨廨前倡治廳左右有門一間中有廳三間後有寢室二十五間傍有耳房六間寢室東有樓三間嘉靖二十年知縣許東望移置於寢前廳後曰宜中樓有記舊志

國朝乾隆四十二年知縣趙思恭重修府志

今制治堂五間左右兩廂爲吏廊及班房共十八間前爲儀門門外東爲土地祠爲南糧倉西爲獄南出爲大門門外左右爲民壯皂快等班房治堂以內由東偏入宅門爲二思堂凡三間堂之左爲僉押房右爲庫堂後爲內室南向凡五間上有樓東西兩廂各四間又東爲內僉押房二思堂之東院爲客廳北向又東院爲書室前後凡五層二思堂之西院亦爲書室凡十餘楹其南爲廚房餘仍舊制新增

縣丞署在縣治廳東轉一百一十步乾隆四十三年縣丞李自昌詳請支廉重修舊志叅攷府志六十年丞毛興祚修儀門門外增砌石路新增

典史署在縣治廳西折而北一百一十五步舊爲主簿廨鈌裁

改今署乾隆三十八年修葺舊志參攷府志

柯橋巡檢署在柯橋西官塘乾隆二十一年詳請以白洋司巡檢移駐四十七年修葺府志

三江場鹽課使署在陡亹鎮府志

試院俗稱新司在縣治東北二里本射圃基明嘉靖中御史王紳檄知縣許東望建爲察院凡五層廊廡凡二十楹侍郎劉棟撰記至

國朝康熙二年提督移駐紹興因以爲署八年移駐寧波遂爲督學校士之所後知府俞卿重修舊志參攷府志

紹協城守副將署在縣治東南一里明爲布政分司即守道衙門俗稱南司初本紹興衛軍器局明洪武中指揮使趙忠遷局於會稽福果寺址正統中知府羅以禮建分司

國朝康熙六年裁缺八年暫爲協鎮署舊志參攷府志協標中軍左營都司署舊無經制暫借張宦空房後給還之改爲巡道駐劄舊志在鎮東閣西府志

紹協左營守備署在山陰縣治西北一里許府志

附廢署曰按察分司明稱北司在縣東北一里許宋浙東提刑司故址康熙九年因安插海上投誠者曾造營房曰兩浙都轉鹽運分司在縣治東一里元大德初建卽宋錄事司故址曰稅課司在府東南曰市舶司在縣治西三十步曰織染局在江橋曰弓張局在紫金坊在城外者曰瀝渚稅課局今皆廢三江司巡檢於康熙三十九年裁缺署亦廢舊志參攷府志

附倉廒一曰常平倉在謝公橋北名大有倉凡七十二間編列宇字廒起至乃字廒止一曰南糧倉卽明之預備倉案明洪武三年令天

下逼建此倉舊在大善寺前已廢今置縣治大門内土穀祠後雍正五年添建六間每間貯穀可五百石七年添建一十八間八年添建一十六間曰社倉六所宋所建久廢乾隆三十九年紳士陸凱捐建後梅村嘉慶二年詳明移建常平倉西首凡四間編人壽年豐字號定例不必官爲經理因附近常平故載之曰義倉四所今廢曰三江倉舊在三江所城今廢曰如坻倉在府治東北一里據各舊志並縣冊

縣治南一里曰王儀橋曰拜王橋即豐樂治東一里曰宏濟橋原名火珠又稱寶珠治東南百餘步曰蓮花橋半里曰平章橋曰鳳儀橋一名懊來一里曰酒務橋曰承天橋二里曰章家橋三里曰隆興橋五里曰捨子橋治東北一里曰府橋二里曰新河橋曰如坻橋曰大善橋曰倉橋曰木瓜橋曰水澄橋三里曰江橋曰小江橋曰香橋曰中正橋曰斜橋案此橋屬會邑四里曰大雲橋曰題扇橋五里

曰畫馬橋曰探花橋曰昌安橋西四十步曰大郎橋五十步曰小郎橋治西南半里許曰清泠橋治北一里曰板橋二里曰萬安橋曰鯉魚橋曰錦鱗橋三里曰草貌橋曰謝公橋曰光相橋曰北海橋府橋本鏄㲋郡守汪綱易以石極爲壯觀曰江橋者乃江彪故居曰北海橋者乃李邕寓居之地鯉魚錦鱗二橋宋貢院故址也曰草貌橋者舊傳此地在州城外俗謂征稅之所爲貌以在郊故曰草貌也　右據嘉泰以來各志

由府署南下爲蓮花橋又爲紫金街爲拜王橋自蓮花橋過西爲山陰縣又西南爲府城隍廟爲稽山書院又轉而西稍北爲王公池南爲常禧門　由府署西爲太清道院傍卧龍山由紫金街東爲山陰城隍廟由拜王橋西爲水偏門　轉而東南爲鮑郎山後爲教場由鎮東閣東過府橋爲横街轉而北爲軒亭又北爲大善寺江橋南爲清道橋又南上爲蕙蘭橋大雲橋南至南堰門　由蕙蘭橋轉而北爲舊布政分司由大雲橋西爲塔山

前爲山陰學由府橋折而南舊鹽運分司爲酒務橋由鎮東閣折而北爲佑聖觀東爲火珠山火珠巷舊按察分司峨眉山北爲倉橋東爲水澄巷西爲如坻倉又西爲鐵甲營又西爲鯉魚橋又西爲養濟院旋南過錦鱗橋爲線長營臥龍山後一帶再南卽總捕廳衙門及舊稅課司由鯉魚橋北下爲武勳坊西小路東則新河巷再北則爲北大路北小路而至迎恩門　過東則筆飛坊探花橋再北則戒珠山下馬橋至昌安門舊志

城內衢路自宋嘉定十七年郡守汪綱在在繕砌凡河渠隄岸橋梁靡不浚治整齊經畫有條役且無擾井里嘉歎實爲悠久惠利

國朝以來益加修潔故海內有天下紹興街之謠第居民漸稠市宇日夕侵佔而街乃僅容輿馬偶不戒於火則延燒輒至數

十家遇雨霽雪消泥濘益甚有顛躓蹂躪之虞康熙六十年知府俞卿下令以石牌坊中柱爲界蓋牌坊乃官街舊址坊有四柱中二柱在街心邊之二柱跨街南北今邊柱既砌入屋中又侵及中柱坊多前明所建去今多不過七八十年則佔街爲肆倘不甚久必盡清出四柱基壤乃還街之舊觀而又念商賈殷盛亦盛世景象去其太甚足便往來而止又前此五十四年撤城河水閣乾隆五十七年知府李亨特申明故禁舟行便之舊志叅攷府志

由水路西北出西郭門由運河西至於錢清鎮凡五十里由錢清水路西南至於臨浦凡八十里東北至於扁拖閘達於三江口凡七十里東南出常禧門至於婁公埠凡三十里登岸由陸路至於諸暨縣界三十里南出南堰門由水路南至於秦望諸

山之中東北出昌安門由水路北至於玉山斗門達於三江海口凡三十里舊志

城外關津縣南四十里曰瀉渚關西五十里曰錢清關八十里曰清潭關西南四十里曰花街關東北三十里曰三江關今皆廢府志明洪熙閒巡按御史尹崇高奏廢之舊志

縣南五里曰狀元橋卽王家橋明張元忭居此曰南堰門渡十五里曰亭山橋嘉泰志作二十五里曰稽山橋　縣西南五里曰西跨湖橋十五里曰十老橋二十里曰七賢橋俗訛七眼曰梅仙橋二十五里曰蘭亭橋曰蘭亭渡曰橫塘橋二十八里曰上橫橋四十里曰大虹橋七十里曰寨口橋八十里曰夏履橋案七賢橋者梁鴻孟光樵隱處梅福隱處方干游寓處呂東萊讀書處胡致堂胡五峯所居處竝見舊志　縣西曰迎恩橋卽菜市橋數十步曰永樂橋在小步里者曰灞清橋明張季能建曰鍾秀橋四里曰萬家橋八

里曰白樓堰橋十里曰何山橋曰虹橋十四里曰溎浦橋曰興福廟橋三十里曰漓渚渡曰渭水橋曰上下平橋蟠峯下四十里曰湖塘跨湖橋五十三里曰清江橋五十八里曰宣橋即登仙橋六十里曰禹會橋六十五里曰賓舍橋曰金仙橋宋祁國公杜衍建八十里曰相步橋曰湖上橋曰查浦渡一百里曰高公橋在天樂都康熙十五年大兵勦閩逆集此知縣高登先供應軍需溺水衆救獲甦居民建橋紀之縣西北十里曰瓜咸橋即會龍橋曰官瀆橋十二里曰東浦堋橋曰王城東橋十三里曰霞頭橋十五里曰鑑湖橋曰天濟橋曰杜浦橋曰王城西橋曰魯墟橋二十里曰梅市橋二十五里曰興安橋鄉人祁茂興及子子安建故名曰柯橋舊志柯橋三十里此據府志曰高橋四十五里曰阮社橋四十六里曰太平橋四十八里曰梅林橋曰餘支橋五十里曰板橋曰行義橋曰趙家廟橋曰青墩橋曰通利橋五十二里曰廣溪橋五

十三里曰錢清浮橋明王禕有浮橋記弘治八年邑人周廷澤乃建今橋五十五里曰西小江橋六十里曰前梅渡橋　縣北十里曰文應橋曰昌坊橋曰高門橋十五里曰富陵橋二十里曰六山橋二十五里曰登瀛橋即古荷湖三十三里曰荷湖渡四十里曰化龍橋明太僕陳忠襄潛夫幷妻妾兩孟氏殉節處七十里曰張湖渡　縣東北十五里曰趙墅橋三十三里曰三江渡舊志叅府志

王相橋在三江城南門外當諸水之衝乾隆三十四年南塘驄潘炯買筏索以資挽助後邑人袁昌緒捐田二畝交與六度庵僧爲每年換索之費索重百斤長四十丈嘉慶二年橋圯邑紳徐聯奎平大治施誠等捐修並將換索事宜請縣給示勒石庵內又河東橋舊名太原明正德癸酉里人盛悅建又敏濟橋在清風鄉朱公橋北邑人趙尙敏建沿海村落出安昌市者便之

舊志參府志並呈報事實在所里數俱未詳

淸水橋又稱分水橋在蘭亭東北三里許乃自城達諸暨要道橐朱華刻石諸山之水以注鑑湖向惟聚石以涉明萬歷其年邑人層雒飛倡建石橋長三丈廣可八尺並築隄於其西長三十餘丈其後裔繼容履豐蕙璉等遞捐資修之呈報事實

右城廨橋道關津之屬圖附後

舊城圖

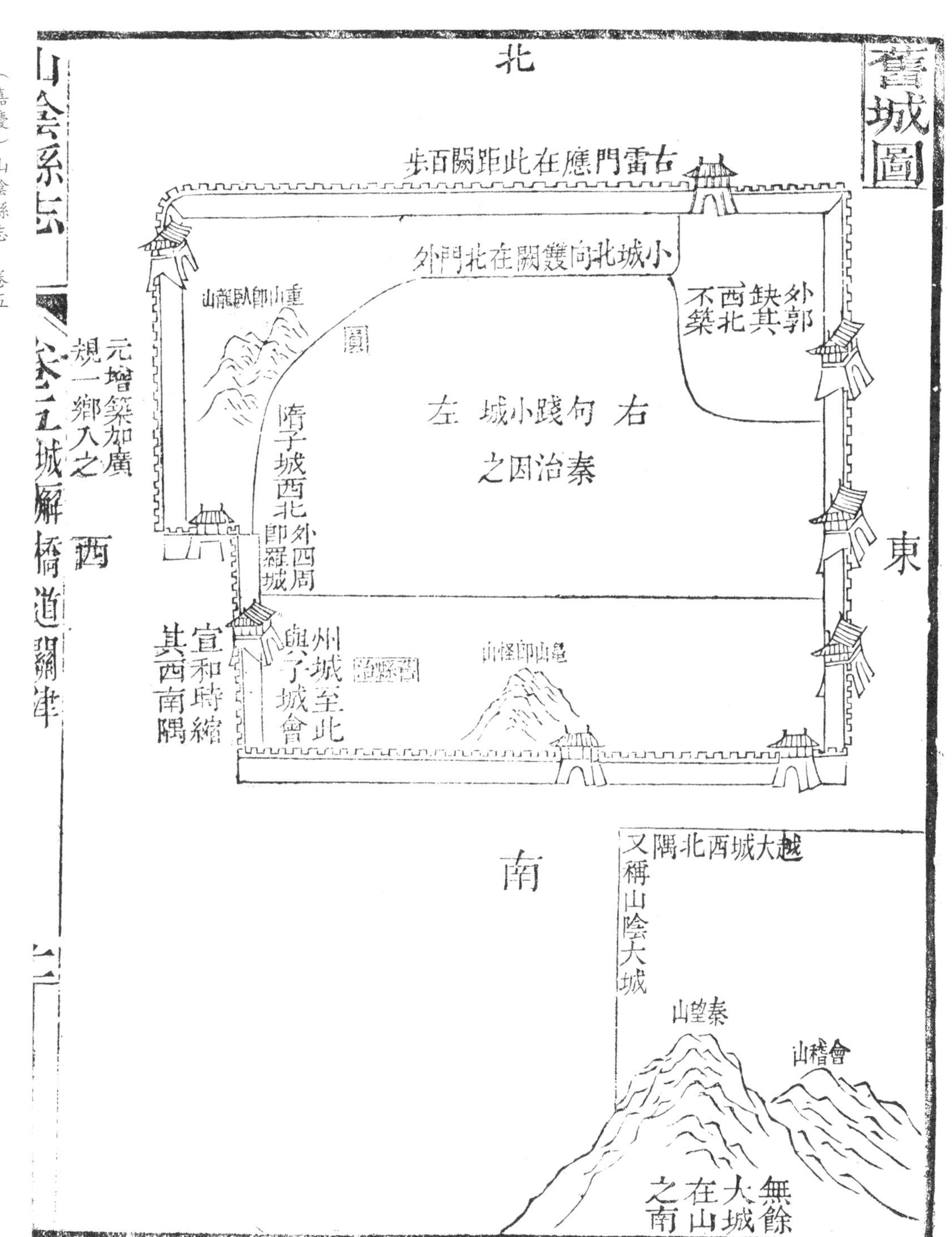
北
右雷門應在此距隔百步
小城北向雙闕在北門外
重山即臥龍山
外郭缺其西北不築
左
句踐小城
右
秦治因之
隋子城西北外四周即羅城
元增築加廣規一鄉入之
西
東
宣和時縮其西南隅
州城至北與子城會
龜山即怪山
南
越大城西北隅又稱山陰大城
秦望山
會稽山
無餘大城在山之南

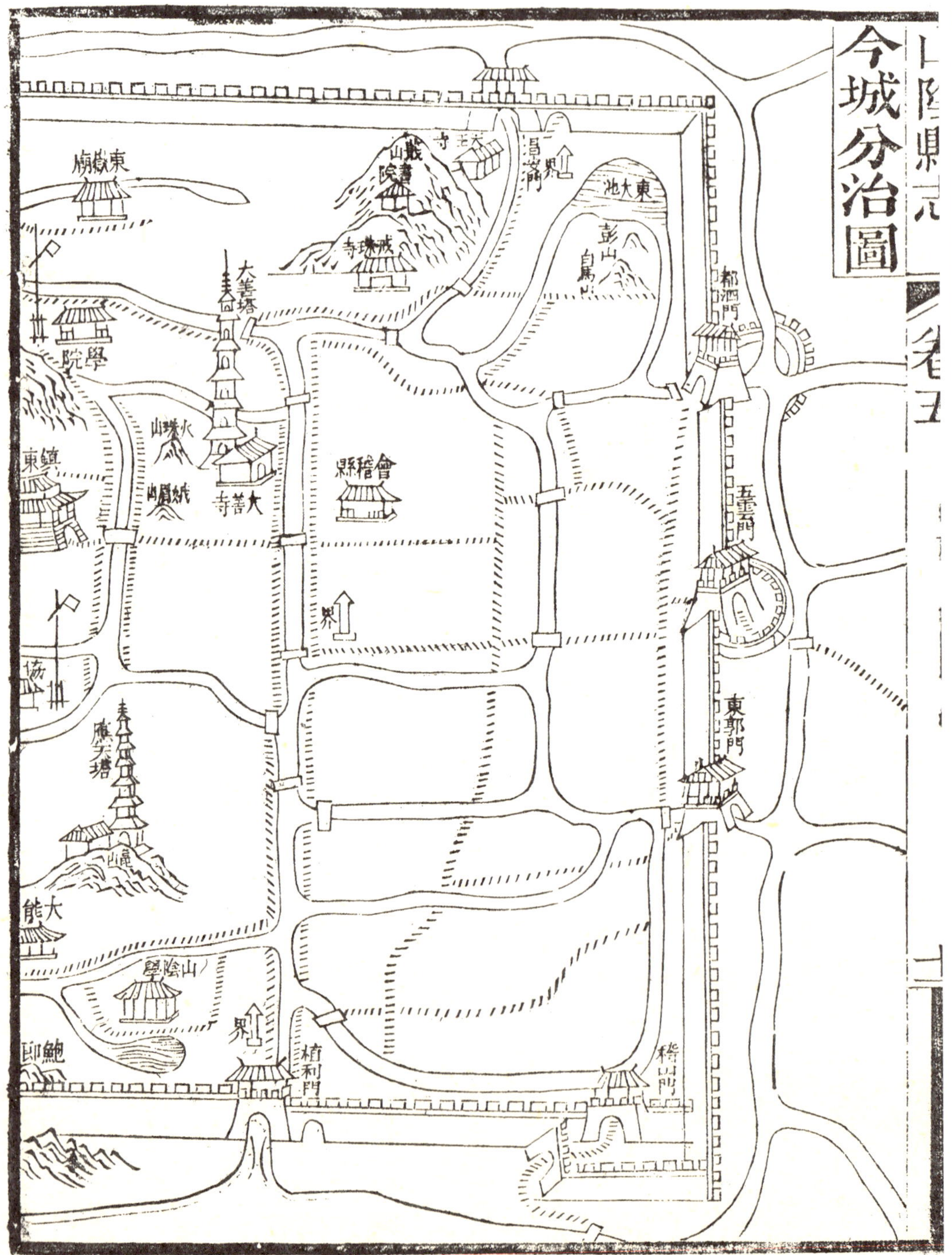

今城分治圖
卷五
東嶽廟
蕺山書院
天王寺
界
東大池
戒珠寺
大善塔
學院
火珠山
蛾眉山
大善寺
會稽縣
界
鎮東閣
都泗門
五雲門
東郭門
應天塔
大能仁
山陰學
界
鮑郎
植利門
稽山門

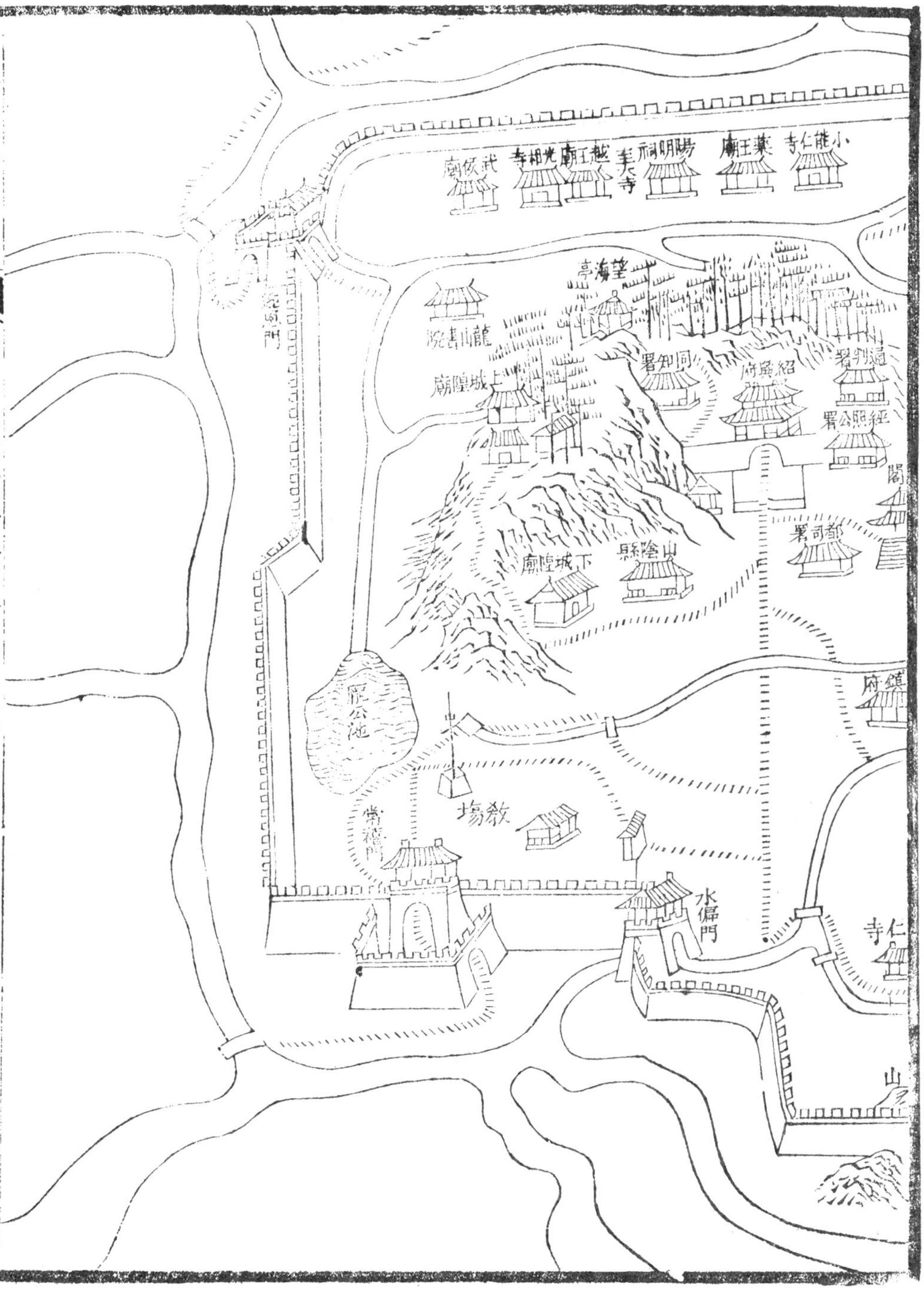

小能仁寺
藥王廟
陽明祠
大善寺
越王廟
光相寺
武侯廟
望海亭
龍山書院
上城隍廟
同知署
紹興府
通判署
經照公署
閣
都司署
山陰縣
下城隍廟
鎮府
府公池
教場
常禧門
水偏門
仁寺
山

縣署圖

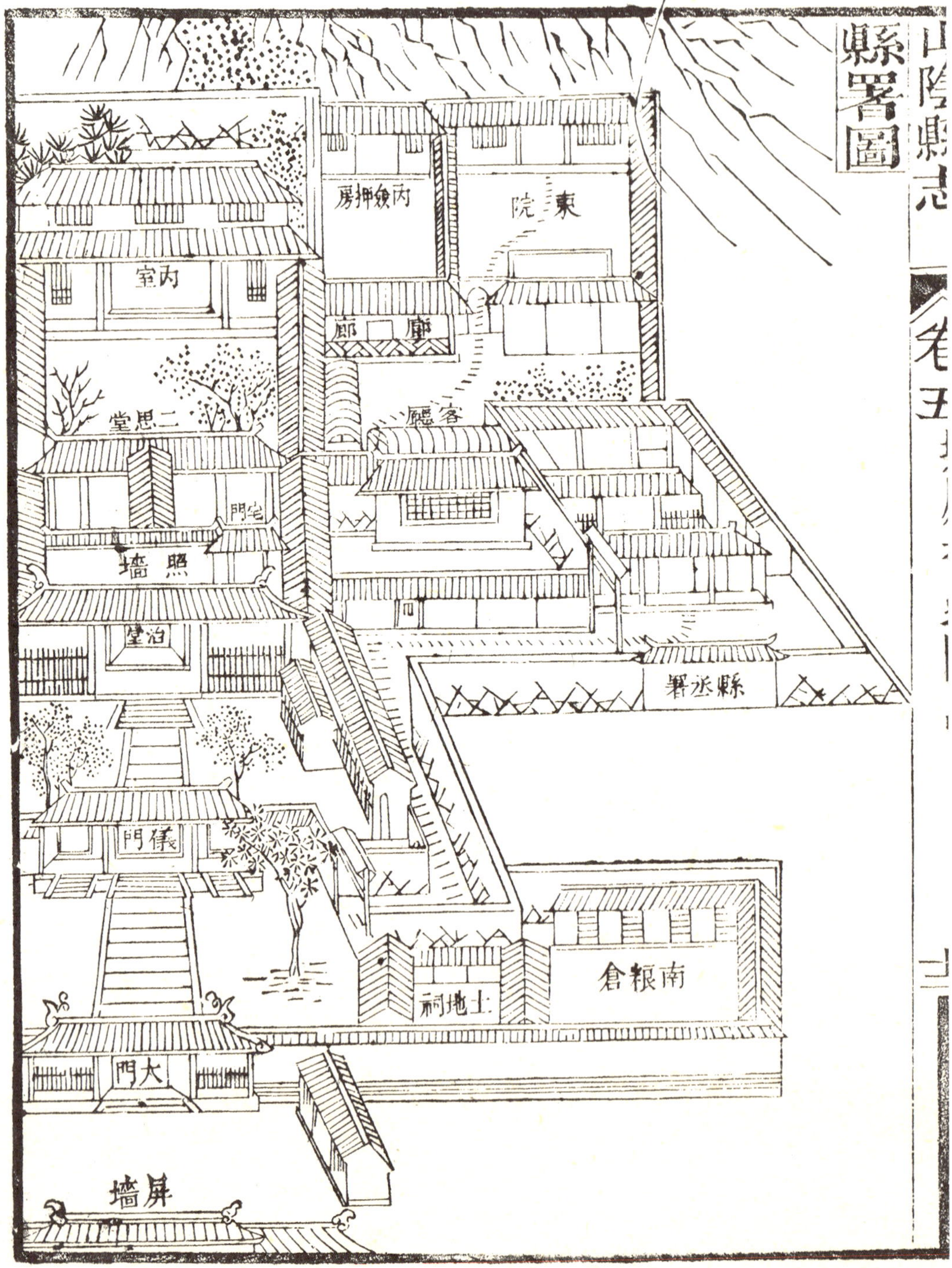

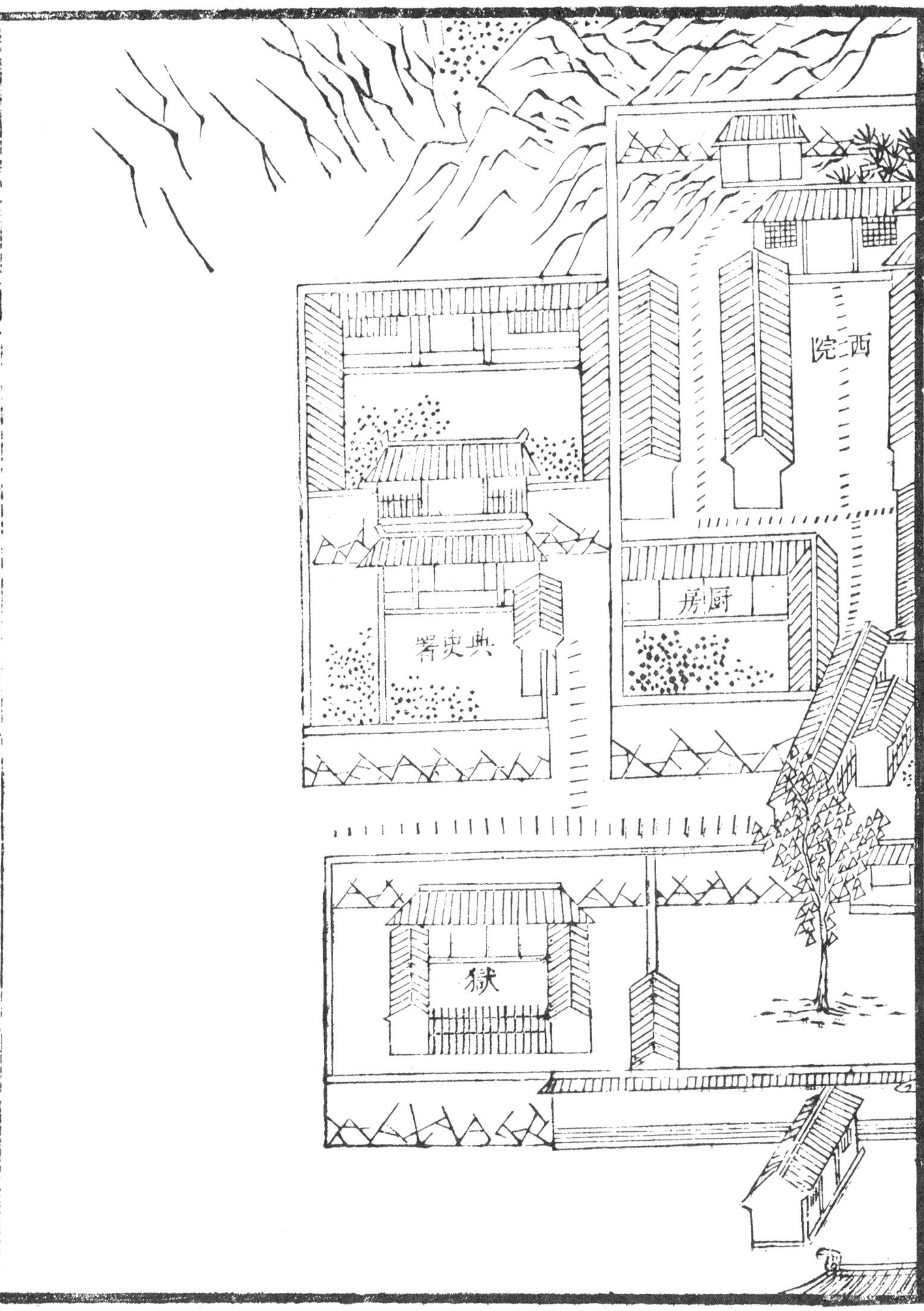

西院

廚房

典史署

獄

山陰縣志卷五

山陰縣志卷六

土地志第一之六

坊里之名見於唐書武德初定均田法百戶爲里五里爲鄉在城邑爲坊在四野爲鄙此殆坊里所自始都鄉之制崑山顧氏謂前史不載蓋卽今之坊廂而引漢濟陰太守孟郁堯廟碑云成陽仲氏居都鄉高相里及史記商君傳云集小都鄉邑聚爲縣則由來舊矣都圖者或云卽都鄙其鄙字旁省邑作啚蓋古鄙字而俗仍讀爲圖或云取版圖之義非都鄙也案府志言宋熙寧初行保甲法始置都領於鄉改里曰保領於都元豐中廢都保仍以附治者爲坊其郭外仍以鄉統里已又分城內爲五廂仍領坊元改廂爲隅縣各置隅鄉爲都里爲圖俱以一二爲次府城四隅不隸於縣別置錄事司掌之明罷錄事司以四隅

還縣而隅都之名不易各縣隅或領圖圖或仍爲里然應役者城皆曰坊長鄉皆曰里長縣志云今制縣治所統內曰隅外曰都其隅凡二領坊二十三其都凡四十七領啚一百八十六內外總二百九里嘉靖二十年知縣許東望會造黃冊於二十九都內申明增立一里總二百十里右舊志敘述大畧如是其中仍遞有更改今據二志詳列於篇其他市鎮驛鋪之屬亦班附焉

城內四隅西西二隅隸山陰府志

西南隅領坊九大辛坊一啚大雲坊二啚東觀坊三啚紫金坊四啚下植利坊五啚上植利坊六啚美政坊七啚常禧坊八啚南和豐坊九啚舊志

西北隅領坊十四西光相坊一啚迎恩坊二啚戒珠坊三啚東

中正坊四啚筆飛坊五啚西中正坊六啚東光相坊七啚東如坻坊八啚朝京坊九啚下和豐坊十啚昌安坊十一啚萬安坊十二啚西如坻坊十三啚承恩坊十四啚舊志

城内西南西北二隅宋太平興國初皆爲鏡水鄉領里四曰大雲曰市南曰北海曰新河其西南隅在嘉定中爲第三廂領坊三十一曰西河曰小驛曰南市曰富民曰華嚴曰鐵釘曰蕙蘭曰德惠曰大市門曰治平曰甲子曰開元曰南觀仁曰師子曰雲西曰菩提曰耀靈曰植利曰釆家曰柴場曰京兆曰天井曰水溝曰大新曰河南曰施水曰船場曰府橋曰桐木曰槿木曰愛民又爲第五廂領坊五曰教德曰臥龍曰車水曰顯應曰泰望元始改爲西南隅領坊四十三改愛民曰美政改教德曰道德改臥龍曰常禧省府橋以船場入西北隅增清道澄波顯寧

作揖千金後路宣化和豐蓬萊九坊總前爲四十三坊其西北隅在嘉定中爲第四廂領坊二十曰賢良曰火珠曰少微曰板橋曰北市曰瓦市曰雙橋曰水澄曰新河曰大路曰石灰曰錦鱗曰武勳曰晝錦曰迎恩曰草貌曰筆飛曰斜橋曰戒珠曰王狀元元始改爲西北隅領坊三十以斜橋入東北隅增船場丁家禮賓承恩萬安光相中正昌安大雲五福紫金十一坊總前爲三十坊以上二隅舊坊至明洪武二十四年始并省如今制舊志叅攷府志

城外四十八都第一都領啚五元六啚第四都領啚五元八啚第五都領啚六元九啚第六都領啚二元三啚以上宋爲感鳳鄉領里二丞仁玉笱第二都領啚七元九啚第三都領啚二元三啚以上宋爲巫山鄉領里五朱尉丞仁鹿山塗山石城鹿山又作六山石城郎漢安成里第七都領啚三元四啚第八都第九都俱領啚二元同

第十都領啚六元八啚第十一都領啚二元一啚以上宋爲靈芝鄉領里八表賓寶祐蘭歲禹川盡祐埭石北瀆瀆溝第十二都領啚三元同第十三都領啚十一元十二啚第十四都領啚四元五啚第十五都領啚五元六啚以上宋爲梅市鄉領里三梅福永新寶盆梅福相傳以漢梅福隱處蓋傳會也即句踐處羣巫之所漢曰巫里第十六都領啚三元同第十七都領啚七元九啚第十八都領啚六元七啚第十九都第二十都俱領啚四元俱五啚第二十一都領啚三元四啚以上宋爲溫泉鄉領里三懷信興德崇業第二十二都領啚四元五啚第二十三都領啚二元三啚第二十四都領啚一元二啚第二十五都領啚七元十啚第二十六都領啚三元二啚以上宋爲迎恩鄉舊又名永昌領里四蘭亭明福會昌苦竹第二十七都領啚六元七啚第二十八都第二十九都第三十都俱領啚二元俱三啚第三十一都領啚二元同第三十二都領啚一元二啚以上宋俱爲承務鄉領里二洪漸道泰第三十三都領啚八元九啚第三十四都領啚七元八啚以上宋爲旌善鄉領里二敬忠周嘉

第三十五都領啚二元同第三十六都領啚三元五啚鎮都領啚二元同以上宋爲禹會鄉領里一廣陵第三十七都領啚三元四啚第三十八都領啚四第三十九都領啚三元俱五啚以上宋爲新安鄉領里一謁山第四十都領啚三元四啚第四十一都領啚二元三啚第四十二都領啚三第四十三都領啚四元俱五啚以上宋爲天樂鄉領里四方山磐浦斯裹剎竿第四十四都領啚五第四十五都領啚三元俱同以上宋爲安昌鄉領里二齊賢東林第四十六都領啚五第四十七都領啚九元俱同以上宋爲清風鄉郎唐移化鄉領里二清化洛思編戶兼城內其二百十一里案賦役全書原設版圖一百九十五里今編順莊三百九十九莊

又乾隆三十九年四月十五日發申布政司徐爲取給事乾隆三十九年五月十九日奉巡撫部院三批本司呈詳山陰縣民陳葉絫等六十戶俱認官地完租三十六兩五錢三分請於乾

隆三十九年爲始歸於取給事官基佃租款内批解司庫詳請
批示以便給照起征等緣由奉批如詳給照征租解充公用
迎恩坊二十七戶　美政坊一戶　西如坊六戶　朝京坊一
戶　東觀坊二戶　萬安坊一戶　常禧坊二戶　西光坊一
戶　紫金坊一戶　下植坊二戶　南和坊二戶　東光坊二
戶　承恩坊五戶　迎恩坊一戶　朝京坊一戶　二十八都
一啚五戶以上並府志
案縣志所載城外各都止云某都某鄉若干里葢以鄉統里仍
宋之舊規而所載里數則據修志時編審之數尚在我
朝康熙初年未免稍畧若府志中引俞志則康熙五十八年所
修距今稍近既大書當時都啚之制兼細注宋元舊規末又增
載賦役全書總數較爲詳晰宜備錄之其縣志已括其中不更

及矣至各里編戶十年輒有更張其增減轉換不可勝書茲酌古準今存其梗槩備稽攷云

縣東南半里曰酒務橋市東一里曰清道橋市東北一里曰江橋市北二十里曰玉山陡亹市三十里曰下方橋市西北十里曰東浦市五十里曰錢清市曰安昌市西四十里曰柯橋市西南五十里曰夏履橋市南四十里曰離渚市

縣南二十里曰婁公埠曰南池埠二十五里曰木柵埠西南十三里曰西巫埠二十里曰項里埠二十五里曰阮港埠三十五里曰離渚埠西三十八里曰古城埠四十里曰破塘埠曰壽勝埠四十二里曰興塘埠五十里曰夏履埠

縣西五十里曰錢清鎮接蕭山界有江有壩爲赴杭要津今江已湮廢舟行直抵西興行旅便之以上並舊志

蓬萊驛在迎恩門外唐曰西亭宋曰仁風向設驛丞一員乾隆二十年缺裁屬之山陰縣府志

柯橋驛在縣西二十五里久廢嘉泰志

錢清驛在縣西北五十里久廢嘉泰志

苦竹驛去縣二十九里迎恩鄉有苦竹城唐時爲驛今久廢舊志

衝要七鋪府前爲總鋪縣西北十里爲青田鋪又十里爲高橋鋪又十里爲梅墅鋪一作梅市又十里爲柯橋鋪又十里爲白塔鋪又十里爲錢清鋪

次衝要四鋪縣西南爲鑑湖鋪又十里爲金家店鋪又十里爲赤土鋪又十里爲洪口鋪

偏僻三鋪縣東北十里爲昌安鋪又十里爲鹿山鋪又十里爲三江鋪以上並舊志

右坊鄉市鎮驛舖之屬

山陰縣志卷六

山陰縣志卷七

土地志第一之七

自古在昔先民有作卽一楹一石亦必愛惜而表章之豈徒矜佚聞供吟翫哉顧禹井蘭亭失眞已久郢書燕說徵信殊難粲宋元豐中王存等重輯九域志刪去郡名下氏族所出其後紹聖大觀閒續修有言志太略者復增入古跡等數門近時朱檢討彝尊會於崑山徐氏見之謂是宋槧乃民閒流行之書云云今浙中馮氏所刊亦云從宋槧摹刻而其中無所謂古跡者葢所據乃當日之原書非續定俗本雖未免稍略而古人體製之謹嚴猶可想見一二也山陰古跡之志多仍其舊閒有新增而荒忽無稽之談亦難徇俗夫城池舊跡山水得名皆傳諸委巷用爲故實鄙哉此劉知幾語也而前賢深善之嗜談古跡者兼

聽並觀可也

宋貢院在城西北隅南宋貢院故址舊志郡肯遇科舉卽僧舍爲試所史忠定鎮越時得爽塏地乾道九年守錢端禮首創貢院其時舉人比今僅及其半嘉定十五年歲逢大比守汪綱重葺增屋三十閒庭下地遇雨則泥濘命鑿石加甃坦然如砥士子便之院前待試地亦塡石

國朝康熙三十三年貢生周廷翰請於布政使蔣毓英檄山陰知縣遲𤒹立石坊表之題曰古貢院寶慶志並今府志

案舊城舊署舊營諸古跡詳城廨武備各卷中

宋苗米倉在府衙東二百步如坻倉在府衙東北一里支鹽倉在府衙東二里常平倉在府衙東二百步夏麥倉在府衙南二百步糯米倉在西門外一里都稅務在府衙東一里九十步都

酒務在府衙南一百二步比較務在府衙南一百步和旨庫在府衙東二百六十步激賞庫在府衙東二里十步公使庫軍資庫甲仗庫並在府衙架閣庫在府衙設廳北常平茶鹽庫在府衙西經總制庫移用庫五分錢庫並在通判北廳激賞錢庫在府衙西回易庫在城東北醋庫在城東造袋局在府東北提舉司惠民局在府東湯浦紙局新林紙局楓橋紙局三界紙局合同場都物料場在府衙南子城內受納稅場在府衙內抽解竹木場在府橋收糴糯米場在迎恩門外受給場在城東二十五里排岸司在城南臥龍坊都作院在府衙南省馬上下二院潛火隊並在府衙西嘉泰志 宋倉庫之制立法最詳今尚有仍其舊者府志

越王臺案祥符圖經在種山東北今乃在其西舊有小茅亭名

近民久廢嘉定十五年汪綱卽其遺址創造而移越王臺之名於此氣象開豁目極千里爲一郡登臨之勝且俾曾耆年篆三大字刻石別爲亭以覆之亭在臺之左寶慶志

越王宫臺周六百二十步柱長三丈五尺三寸霤高丈六尺宫有百戶高丈二尺五寸越絕書案原文在句踐小城條內

越王句踐游臺卽望雲樓舊經在府治府志

案舊志有中宿臺晏臺吳越春秋云中宿在於高平越舊經云晏臺在州東南十里俱屬會邑境內故不復錄餘同此例舊志又有斬將臺在塗山東謂禹會諸侯防風氏後至以其人長築臺斬之而嘉泰志亦有刑塘在會稽縣北十五里引賀循記斬防風之說大都荒忽不經存而不論可也

靈臺在龜山舊志越起靈臺於怪山上水經注　五詳山卷中

駕臺周六百步今安城里越絕書　駕臺在於成邱吳越春秋

鼓吹山西嶺有賀臺越伐吳還成之水經注

望烏臺越王入吳有丹烏夾王而飛故其霸也起臺以表其瑞拾遺記　今温泉鄉鏡湖旁山有望湖臺舊址疑即其處府志

望月臺在府治後今廢府志

案府署嘉泰志忽稱州治忽稱府廨忽稱郡齋其實一也　暨郡佐各署中古跡本與廨舍一律應入府志且歷檢嘉泰以來各志凡某堂某亭動輒數十所蓋歷任官至隨意命名既不詳其沿革安知不疊複標題他如提舉提刑諸司其署且久廢則棣華堂扶疎亭之屬又將安附兼陋相沿有妨體製今皆削之惟縣治古跡雖亦久廢無稽但志以邑名姑仍其舊覽者當自得之

清白堂在蓬萊閣西臥龍山足康定中范仲淹所作案仲淹記

云獲廢井泉清而色白因名其堂嘉定十五年汪綱訪其所都廳卽其處也乃別創都廳更加整葺而復范之舊扁寶慶志

國朝康熙閒知府俞卿於大堂東建一堂亦名清白卽今聽事堂也府志

井儀堂在蓬萊閣西名勝志

鎮越堂在府治後蓬萊閣下又有燕春雲根四面屏障步鰲拂雲無塵諸勝今俱廢府志

雲壑堂在臥龍山東益百花亭舊址寶慶志

書簾堂在山陰縣治嘉泰志

大雅堂在山陰尉廨紹興中尉沈山作記嘉泰志

許元度書堂在龜山嘉泰志

王逸少書堂在蘭亭後人追懷風流葺爲流觴曲水嘉泰志

任懷堂魏方炳建舊志方所失載

湖上草堂在鏡湖上府志

蜀山草堂在蜀山舊志

遂安堂在縣西二里閒桑堂在縣西三里秋水堂距縣治三里文學徐沁建鳳來堂距縣治三里文學劉明宗建舊志以上方所皆失載

嚴象草堂在縣西天樂鄉明王開陽所居舊志

晚安堂在縣西八十里錦衣衛朱壽宜建舊志

蓬萊館在臥龍山之左史魏公建蕊府東亭舊址高宗巡幸嘗泊舟於此呂頤浩奏事嘗云臣等昨夕宿提刑司在御舟旁數步郎謂此也東問津亭北通川亭皆臨府東大河即古簞醪河水光映發望如圖畫舟車既屆必有次舍實一州佳觀子城東門有豐宜館今爲觀察判官署城西迎恩門東五雲門皆有亭以送迎御香繇陵寢者所寓也案圖經唐觀察使李紳嘗於府

東建侯軒亭今廢襲明子葆光錄稱皮光業微時夢亭上偶人皆列拜覺而自負後果知東府事故老云翟忠懿公帥越亭尚亡恙公出有風冒其纖置闌干上或謂亭神實爲崇也公怒即日撤毀之今市人猶稱軒亭府東北有安軺驛是爲軺庭亦廢嘉泰志

南華山館在龜山之南明張天復別墅堂名遂初其子元忭構小閣名曰觀疇以地居南村故勸陶靖節南村二詩置座間每與王龍溪朱金庭羅康洲諸南明徐文長嘯吟流連爲園亭勝事舊志　案舊志別有南華館即南華山館複出削之

柯亭在山陰縣西南四十里一統志　郡國志云千秋亭一名柯亭一名高遷亭寰宇記　漢末蔡邕避難會稽宿於柯亭仰觀椽竹知有奇響因取爲笛劉宋時孫法亮攻沒郡縣會稽太守褚淡之破之於柯亭賊遂走永興會稽記　今亭廢爲柯橋寺乾隆十六年翠華臨幸有

御製題柯亭詩府志恭載卷首御詩

蘭亭在縣西南二十七里嘉泰志句踐種蘭渚田越絕書漢舊縣亭王羲之曲水序於此作杜佑通典太守王廙之移亭在水中晉司空何無忌臨郡起亭於山椒極高盡眺亭宇雖壞基陛尚存水經注趙宋景祐中太守蔣堂於蘭亭修永和故事有詩治宅編明嘉靖戊申郡守沈啓移蘭亭曲水於天章寺前

國朝康熙十二年知府許宏勳重建舊志三十四年奉

敕重建有

御書蘭亭序勒石於天章寺側上覆以亭三十七年復

御書蘭亭二大字懸之其前疏爲曲水後爲右軍祠密室迴廊清流碧沼入門架以小橋翠竹千竿環繞左右乾隆十六年

翠華臨幸有

御製蘭亭即事詩又恭詠

皇祖撫帖御筆及蘭亭雜詠諸詩俱恭載卷首五十七年三月上巳

知府李亨特倣右軍故事修禊於此府志嘉慶三年知縣伍士備偕紳士吳壽昌茹棻等重修並查明舊亭基址在東北隅土名石壁山下已墾爲田屬天章寺撥入蘭亭另派寺僧管業主汎掃芟薙之事縣案晉王羲之孫綽有蘭亭集前後序明文徵明有重修記

國朝姜希轍有重建碑記

曲水亭呂祖謙入越錄天章寺蓋即右軍蘭亭由右軍書堂百餘步至曲水亭曲水蜿蜒若蚓必非流觴之舊歲久失其處耳府志

臨池亭右軍祠塾之別築也正永和修禊處築亭者爲東楚湯

君亭宋戴表元臨池亭記

望海亭在府治臥龍山頂名勝志云即今越望亭輿地紀勝亭在臥龍山西元微之李紳嘗賦詩則自唐已有之昔范蠡作飛翼樓以壓強吳此亭即其址也宋祥符中州將高紳植五桂於亭之前易名曰五桂亭歲久亭廢桂亦不存嘉祐中刁約增廣舊址再建復名望海自作記以誌嘉定十五年汪綱重修寶慶志明嘉靖十五年知府湯紹恩即望海亭故址建鎮越亭後毀

國朝康熙十四年知府何源濬重構越望亭二十八年

聖祖南巡二月十四日

幸紹興府登亭

賜名臥龍山曰興龍山二十九年知府李鐸再建更名曰鎮越立碑記之而郡人仍稱爲望海亭五十五年知府俞卿修之乾

隆年知府席椿又修之府志

茅亭在縣治嘉泰志

脩清亭在縣治嘉泰志

候烏亭在縣治嘉泰志

光化亭在縣治後舊志

陽春亭山陰故水道出東郭從郡陽春亭去縣五十里越絕書

白樓亭舊經引孔奕會稽記云種山南有白樓亭江夏太守朱輔於此立學教授沛國桓儼避地至會稽聞陳業賢往候之不見臨去入交州留書繫白樓亭柱而別世說注云白樓亭在山陰臨流映壑十道志云白樓山飛翼樓山南頭也一作百樓蓋種山之南先有白樓亭故山亦以此名信如志言飛翼樓山南頭今望海亭即其地或云白山西百餘步出常禧門今尚有白

樓堰自吳越以後山以臥龍著故地名寖泯嘉泰志

一錢亭錢清鎮有劉太守祠祀漢劉寵臨江有一錢亭兩浙鹽法志

東亭府橋東古爲餞客之地唐人如宋考功輩皆有東亭詩史魏公浩改築蓬萊館然邦人猶謂之府東亭嘉泰志

古軒亭在府東里許詳見前蓬萊館條

案嘉慶五年九月軒亭附近火災因水次紆遠延燒甚廣衆請於縣謂故老相傳舊有越王埠爲吳越王登舟之所在軒亭中年久爲居民所佔輾轉相售今皆成燼乞因便核復之知縣裘世璘率衆買地建復亭埠令紳士鍾英等董其事豁然開朗較前稱便今呈報事實有耆民余載美自稱修葺河塴亦以古埠爲詞𥨊軒亭始建於唐至宋時已爲民居後爲酒樓詳後和旨樓條前志歷歷可證流俗相傳之語初無確據弟都市中比屋連甍懲

前而悉後亦未始非良法美意云

光候亭唐李訥餞崔侍御於此嘉泰志案方所道里皆失載

東武亭世傳龜山自東武飛來因以爲名元微之有醉題亭上詩據嘉泰志在鏡湖即元相所建春秋爲競渡之所李紳東武亭詩注案嘉泰志不明言東武亭在何方所但溯其命名之意遂有謂是亭在龜山者見康熙府志然李紳東武亭詩鬬鷁對飛魚棹急彩虹翻影海旗揺則當以詩注所稱在鏡湖者爲正又元微之有晏鏡湖亭詩嘉泰志無此亭名未知與李公垂所詠是一是二存參

息柯亭在塔山東麓上有千峰閣舊志

兼山亭在𡾊山巔明嘉靖十五年知府湯紹恩推官陳讓建歲久廢

國朝康熙二十年知府王之賓重建府志

惠風亭在府橋北今爲公庫酒肆輿地紀勝

適南亭在梅山頂宋熙寧中郡守程師孟創於越新編陸佃有記

覽勝亭在柯山覽全湖之勝府志

堵如亭卽越王臺故址王希呂建輿地紀勝王信爲守改名觀德其西有桃蹊梅塢嘉泰志

鑑湖一曲亭在常禧門外賀知章建舊志

懷賀亭在鑑湖一曲史丞相浩建嘉泰志

五雲亭在臥龍山章伯鎮所創有留題嘉泰志

百花亭在臥龍山之東宋建舊志

紫翠亭在臥龍山上舊志

光風亭舊經云在城東北二里嘉泰志

飛翼樓案越城記其十二門樓飛翼樓最高太平寰宇記樓高十五丈范蠡所築以壓彊吳飛翼一作龍翼沈立越州圖序互見前望海亭條案越時舊城屢經修築則因其城樓故址別建爲亭事所恒有必斤斤糾之泥矣

臥薪樓在迎恩門外數十步俗名箭樓因越王句踐臥薪嘗胆事而名上供越王像

國朝乾隆十四年燬於火二十六年大禹後裔姒恒鏺捐貲重建府志

望雲樓在怪山上卽句踐游臺晏公類要

北樓李紳有北樓櫻桃花詩府志所失載　方

西樓舊記云在縣西舊志

和旨樓西溪叢語云紹興府軒亭臨街酒樓翟公巽爲郡日爲和旨樓取西漢酒酤在官和旨便人也翟忠惠家傳云富民諸

葛氏即所居爲樓歲久爲物所憑公命闢樓爲酒肆名曰和旨嘉泰志

勅書樓明正統八年爲旌高宗澍好義而建翰林修撰商輅有記舊志

逍遥樓在龜山下明大學士朱賡讀書處府志案舊志云山上

蓬萊閣在設廳後臥龍山下案舊志云山上章楶作蓬萊閣詩序云不知誰氏創始楶閣乃吳越王錢鏐所建楶偶不知爾淳熙元年其八世孫端禮重修揭於梁間云定亂安國功臣鎮海鎮東兩軍節度使檢校太師侍中兼中書令食邑一萬戶實封六百戶吳越王鏐建又舊志云蓬萊山正偶會稽元微之詩謫居猶得小蓬萊錢公輔詩云後人慷慨慕前修高閣雄名由此起故名蓬萊自元祐戊辰章楶修之又八十七年錢端禮再修又四十

八年汪綱復修寶慶志　洪适隸釋云以漢熹平石經殘碑鑱之蓬萊閣卽此府志

鎮東閣在縣治東北一里舊志卽舊子城之鎮東門名勝志　吳越王錢鏐時改名鎮東軍門宋元以來名鎮東閣明嘉靖元年燬四年知府南大吉重建

國朝康熙二十五年復災二十九年知府李鐸又建五十三年知府俞卿修之乾隆五十六年知府李亨特修之高五丈四尺六寸東西進深四丈六尺南北寬八丈六尺閣上有大銅鐘明洪武十年鑄卽能仁寺鐘也今鐘上銘文年月尚存聲聞數十里府志

稽山閣在臥龍山東隅輿地紀勝其址卽火珠山有乾道中程大昌賦刻梓揭於梁間寶慶志

星宿閣在臥龍山麓城隍廟西偏前列梅嶺諸峰遠望數十里田疇棊布屋舍星錯綠樹迷煙清流迴護小舟浮如落葉人行隱隱盡郡城西南之勝舊志

紫翠閣在臥龍山舊志

快閣在西門外宋陸放翁建府志

國朝乾隆間任應烈重建新增

松風閣戴表元記云山陰王德玉居州城東隅因臺池之秀林壑之勝橫俯之以爲閣名之以松風府志

書香閣在縣西南三里小隱山尤溪合虞敬道別墅舊志

瞻龍閣在縣西南二里太常寺少卿金蘭所居閣對臥龍山下有春谷草堂半舫問花居一多山諸勝舊志

西園在臥龍山西方錢氏仗越時穿渠引湖水爲後庭植謳虎

雁之樂邦人不與其觀本朝受圖且百年治越者始築爲西園齊唐王公池記府西園之新葺自樂安公蔣堂景祐二年冬公實始闢金山神祠作正俗亭又爲曲水閣流觴亭茂林亭並取永和故事後六年而向公傳式來有漾波亭見向公詩又於城上起望湖樓清曠亭自是以後扁榜位置更易不常莫得盡攷而西園如故今西園有飛蓋堂宣和書學博士徐兢書堂後有王公池由太守王逵而名池北亭曰漾月堂之前四亭對峙曰冬瑞春榮秋芳夏蔭史文惠公所建直堂之南爲橋橋外亭曰水竹循橋而西有蹊徑詰屈相通於竹叢亂石間得立石如里堠者二及其上亭宇亦皆文惠所建者茂林鄉蘭亭里東流盃嚴西右軍祠南修竹塢北敷榮門佳山鄉鷲池里東清眞軒西崇峻庵南騁懷亭北曲水曲水之東欄楯相接若閣道者曰惠風閣由

惠風歷清真西南登城亭曰列翠列翠以北曰華星亦城上亭餘多無扃不具載蓋西園燕休則飛蓋堂最勝觴詠則曲水最勝登覽之勝則列翠矣嘉泰志　西園郡圃也其北飛蓋堂下臨大池其中集春堂四隅各一亭其南揚波堂面城兩小亭對峙東曰逍遙西曰裴回園之西即曲水呂祖謙入越錄

孔稚圭山園在縣東三十里曰尚書塢見太平寰宇記因稚圭之園以名塢今園已不可見而尚書塢仍存嘉泰志

陸左丞園舊在府城臥龍山麓嘉泰志

小隱山園在城西南鏡湖中四面環水名勝志　地名侯山皇祐中太守楊紘始往游而愜焉其主王氏以其圖來悉與之名山曰小隱山堂曰小隱堂池曰琵琶亭曰勝奕曰忘歸曰湖光曰翠麓又有探幽徑擷芳徑捫蘿磴百花頂山之外有鑑中亭倒影

亭皆楊公所自命名而通判軍州事錢公輔刻石爲記後且百年浸廢陸少師宰嘗得之以爲別墅作賦歸堂六友堂遐觀堂秀發軒放龜臺蠟屐亭明秀亭拄頰亭撫松亭皆少師所扁有盧贊元襄冏秀實芑題詩最傳於世嘉泰志

唐園內八朝陵於此園供午頓施樞唐園詩注　案此等不著方所皆宜芟削今姑仍舊志存之

快園在龍山後麓明御史大夫五雲韓公別業舊有剪韭亭此其遺址舊志

今是園在縣東北五里昌安坊蕺山麓祁洪瞻建舊志

百梅園在城南盛塘之麓劉雪湖所植舊志

寓園在城西南二十里寓山之麓崇禎初御史祁彪佳依山作園園有八景曰芙蓉渡玉女臺迴波嶼梅坡試鶯館卽花舍歸

雲軒遠山堂諸名舊志靜志居詩話云公嘗治別業於寓山極林壑之勝乙酉閏月六日坐園中題其案曰圖功爲其難潔身爲其易吾爲其易者聊存潔身志含笑入九泉浩然留天地又書曰已治棺寄蕺山戒珠寺可取以歛我是夜兒子鴻孫侍側夜分不寐公第曰君子之愛人也以德遂遣鴻孫倦隱几步至放生磵下投水昧旦猶整巾帶立水中子理孫班孫葬之園旁舍池館爲寺塑公像於堂至今存焉府志

北園在下方山麓康熙中左僉都御史陳允恭築中有二如莊滿秀軒六宜樓欣遇堂空明榭染羅池畜雨巖坐夏灣喚魚亭佛耳泉蓮花峯靈劒石諸勝江聲草堂集

怡園在城南玉帶泉之西盛禹洲別業舊志

麓湖莊在常禧門外舊志乾隆十六年

高宗純皇帝南巡駐蹕於此府志

道士莊在鏡湖中與三山連接唐賀知章致政歸自號黃冠道士故名舊志

呂氏莊在迎恩門外因古城遺址巨竹森茂莊有亭榭花木可以置酒嘉泰志

南莊劒南詩藳有夏夜泛溪至南莊復回湖桑詩府志

梅林莊在縣西五十里明朱兆憲別業舊志

吳塘在城西三十五里府志句踐已滅吳使吳人築塘東西各千步名吳塘越絕書

富中大塘去縣二十里句踐治以爲義田爲肥饒謂之富中越絕書富中之甿貨殖之選吳都賦舊經云富中里是也舊志

石塘在縣西北四十里越絕云越所轄軍船也廣六十五步高

一丈五十二步嘉泰志

古塘在縣西南二十五里晉太守謝輶築嘉泰志

抱姑塘在縣西五十二里上連鏡湖下接小江世傳刱始之時隨築隨潰一老嫗苦之赴水死其婦痛之亦赴水抱姑屍而出於水中其塘遂成故名舊志

南池在會稽山池有上下二所舊經云句踐栖會稽謂范蠡曰孤在高山上不享魚肉之味久矣蠡曰臣聞水居不乏乾熇之物陸居不絶深淵之寶乃修魚池三年致魚三萬今上破塘村乃上池嘉泰志

龜山魚池在龜山下唐元微之留題云勸爾諸僧好護持不須垂釣引青絲雲山莫厭看經坐便是浮生得道時李公垂詩云汲水添池活白蓮十千彷彿盡生天凡庸不識慈悲意自葬江

魚入九原後有題云微之詩戒僧以護生之意及公垂見而笑之未幾果有寺僧習於池中者故公垂因形之於詩云嘉泰志

蘭亭古池在縣西南二十五里王右軍修禊處唐大歷中鮑防嚴維呂渭三十七八聯句於此嘉泰志

王右軍墨池在蘭亭橋東華鎮記云聞右軍修禊處在天章寺有墨鵞池皆遺迹池不甚深廣引溪爲源每朝廷恩命至池墨必先見皇祐中忽三日連發未幾御書至稍清獻公親到池上與僧約曰池墨見即當爲請之既焫香致禱須臾嚮應墨光黑色倍常時因貯之以甖以獻於朝任屯田布罷任游山以香酒祭池倏忽墨見留詩云田曹郎吏何多幸親見池中墨水生復齋漫錄載臨川王右軍墨池每貢士之歲或見墨汁點滴如潑出水面則必有登第者此池靈異亦其比也嘉泰志

右軍鵞池在縣西南二十五里華鎮記云聞鵞池有白魚長數尺有捕者騰躍而起鬣如銀下前池而去後復見於池中蓋異物也嘉泰志

鵞池在縣南二里蕺山戒珠寺前舊經云王右軍養鵞之所華安仁致古云逸少既善筆札性復好鵞所在穿池滌墨其傍必有牧鵞之所此池是也嘉泰志以上各池互見志水卷中

案嘉泰志以戒珠寺隸山陰此池既稱在蕺山戒珠寺前乃屬之會稽且在會稽縣北而曰在縣南皆誤

冷然池在蕺山左麓池北爲三范祠池南舊有閣郎以冷然名劉宗周里居嘗過此講學舊志

凝碧池在府城隍廟内張沖龢鐫池名於石碑舊志

鰻井在寶林山舊經云井有靈鰻一或時出現墨客揮犀云越

州應天寺鰻井一在磐石上其高數丈井纔方數寸乃一石竅唐徐浩詩云深泉鰻井開卽謂此鰻時出游人取之置懷袖間了無驚猜如鰻而有鱗兩耳甚大尾有刃迹相傳黃巢嘗以劒刺之凡鰻出游越中必有水旱疫癘之災鄉人嘗以此候之華安仁攷古云飛來山下石井大如盆盂無耗溢有二鰻文彩煥爛世言下徹滄海好事者以絲綫懸錢探之極兩絙不得其所止嘉泰志

烏龍井詳水卷中

古琵琶井詳水卷中

蛟井舊傳井有三蛟故名嘉泰志 今人以爲溫泉鄉銅井卽是舊志

梅福丹井見水卷中

陸太傅丹井在縣西北八里靈芝鄉舊志 法雲寺佛殿前少東太

傳昔以直集賢院守鄉邦晚謝事居寺東曾墟故廬辟穀煉丹專汲此井十餘年容鬢氣力不衰丹已八轉忽變化飛去太傅乃洗爐鉢水飲之數日不疾而逝又以餘水分諸孫飲者三八中大夫佖年八十六祠部傳年九十承奉倚年八十三嘉泰志

浮邱公丹井在縣西天樂鄉世傳浮邱公煉丹於此丹成仙去舊志

方井在臥龍山足齊祖之有新井詩嘉泰志以上皆互見水卷中

劉家井龍潛其中泉甘不竭汲濟一方在縣西迎恩小步村舊志

羅仙井在天樂鄉四卦村南呈報詳藝文卷中

清白泉在府治內舊志

子眞泉在梅山本覺寺泉味甘寒廉博士布嘗書子眞泉三大字或疑子眞隱吳市門不應在會稽然子眞方避禍棄妻子變

姓名豈常在吳市門者故今會稽多有子眞遺跡嘉泰志

半月泉在法華山巔嘉泰志唐李紳題天衣寺詩殿湧全身塔池開半月泉此泉隱於巖下雖値月圓池中只見其半最爲佳處紹興初僧法聰乃鑿開巖上易名爲滿月可惜也西溪叢語

三汲泉在卧龍山麓舊在陸左丞園内今析爲二其一歸陸參議靜之其一歸司馬監丞偉嘉泰志

玉帶泉在琵琶山陽和嶺下泉止一洼有孤松盤結其上色微白故名玉帶或謂陽和嶺上爲張陽和祖墓既誕生陽和即名之陽和泉亦猶孤山泉東坡名之六一云舊志　以上四泉互詳水卷中

斑竹巷泉在斐公埠下味清冽其色如霜容秋月井口有禊泉二字書法大似右軍舊志

純陽泉在城西北三十五里上方山麓上有純陽菴下有龍王

當平地出泉味甚冽舊志

磨鏡石在鏡湖任昉述異云世傳軒轅氏鑄鏡湖邊因名今軒轅磨鏡石尚存吳虎臣漫錄云湖以鏡名恐不然蓋水平如鏡唐人詩中謂之天鏡者是也湖之上源地名平水亦此義嘉泰志

磨針石在法華山舊傳吳虁誦經山中久無所得乃下山逢老姥磨鐵杵於石上云欲爲針遂感悟還入山修業舊志

羊石在縣西吳越備史光啟二年錢鏐使游奕崔則守羊石嘉泰志

松化石長一丈大十圍出永嘉宋時童貫起民夫數千舁致汴京至越而汴京失守遂棄之今在董中峯玘宅石斷爲二徐文長集道人馬自然古蹟也石堅而滑係松木所化鱗皮紋理仍復如松舊志

琴石在天樂鄉清化山呈報

許徵士宅在縣南三里舊志詢父旼從元帝過江遷會稽內史因居焉詢隱居不仕東晉咸和六年捨山陰永興二宅爲寺穆帝時名山陰舊宅曰祇園今爲能仁寺永興新宅曰崇化縣西南四十里有慈雲寺縣西九十里有重興院皆詢嘗所居也案皇甫冉詩云昔聞元度宅門對會稽峯謂山陰宅也王勃山亭序云永興新郊許元度之風月謂永興宅也嘉泰志

王右軍宅在蕺山南麓戒珠寺即其故址今右軍祠尚在寺西或云此爲羲之別業剡縣有金庭觀乃其舊宅舊志

江護軍宅在縣東北三里舊志江總傳云總於會稽龍華寺製修心賦晉護軍將軍彪昔涖此邦卜居山陰都賜里寺乃宅之舊基太平寰宇記云郭北有江橋即江彪所居地案晉書江彪傳

永和中嘗爲護軍將軍出補會稽内史疑卽彪也嘉泰志

孔車騎宅在侯山府志侯山孤立長湖中晉車騎將軍孔敬康少時棲迹此山水經注　初以討華軼功封餘不亭侯授車騎將軍及爲會稽三年營山陰湖南山下數畝地爲宅草屋數閒便棄官居之故名侯山今爲小隱山園嘉泰志

嚴長史維宅唐大歷中鄭槩裴冕等聯句賦詩與長史凡六人長史句云落木秦山近衡門鏡水通可想見其處矣嘉泰志　在縣北十五里名長史村或云在鏡湖舊志

朱山人別業在縣南劉長卿有送山人歸別業詩府志

王奇宅在縣東南槿木巷舊志　案府志作木槿巷

施肩吾宅不詳其處舊志

唐少卿宅在城内新河坊案少卿名翊宋宣和中爲鴻臚少卿

連守楚泗台三州未嘗家食前後門雖具未嘗開守舍者自側戶出入少卿長子閎爲鄭州通判代還一術士善相宅至少卿宅夜登屋臥視云此宅前門開則出兩府後門開則出臺諫而所應者非本宗後建炎四年高宗駐蹕於越凡客第皆給百官寓止禮部尚書謝任伯寓此宅拜參知政事中使宣召開前門赴都堂治事上虞丞婁寅亮與唐爲姻家暫假投檢奏封章乞立嗣中旨除監察御史開後門詣臺供職其言皆驗嘉泰志

王文莊公宅在城中大江橋下勒碑上覆以亭鐫曰大儒徽國文公應制科榜狀元王佐故里府志

陸放翁宅在三山地名西村宋寶謨閣待制陸游所居舊志山在城西九里鑑湖中與徐瓶鼎峙於越新編有居室自記寀老學庵筆記述其先人築千巖亭盡見南山李莊簡公光奉

祠還里居於新河過此嘗賦詩云家山好處尋難遍日日當門只臥龍欲盡南山巖壑勝須來亭上少從容放翁懷鏡湖故廬作亦有雲邊腰斧入秦望之句秦望卽南山也千巖亭諸志俱不載應在放翁宅中至李莊簡上虞人紹興九年以爭和議與秦檜不協出知紹興府已而改提舉洞霄宮所云奉祠還里當在此時又渭南集跋李叅政家書稱其罷歸鄉里時時來訪劇談終日則莊簡實遷居山陰也但新河故宅不可攷矣

陸放翁書巢劒詩南稾有書巢五詠案嘉泰志云越藏書有三家曰左丞陸氏尚書石氏進士諸葛氏中興祕府始建嘗於陸氏就傳其書而諸葛氏在紹興初頗有獻焉可知所畜之富陸氏書特全於放翁家編目甚鉅諸葛氏以其書入四明子孫猶能保之石氏當尚書時嘗纂集前代古器爲圖記亦無一不具

其後頗弗克守而從子大理正邦哲盡求得之於是爲博古堂之所有三家圖籍其二氏嘗更廢遷而最盛者惟陸氏府志有自記

全后宅一名浴龍宮在迎恩門外虹橋北宋理宗母全后家也理宗童時值秋暑偕弟與芮浴於河鄭人余天錫自杭來舟抵此忽雷雨帝與與芮纔避舷側天錫臥舟中夢龍負舟驚起視之則兩兒也問之爲全保正家兒乃登舟詣全氏主人具雞黍命二子出侍因謂曰此吾外甥趙與莒與芮也日者嘗言二子後當極貴天錫爲史彌遠門客時彌遠有廢立意囑天錫密訪宗子之賢者適感此異遂還白彌遠後卒代濟王爲帝今橋側會龍石尚在府志

孫尚書宅在縣署東明嘉靖間吏部尚書孫清簡公鑨由餘姚

選居郡城建第於此府志

潘集故宅在縣東二里舊志

徐渭故宅在大雲坊邑人金蘭建碑鐫曰明徐文長先生故宅在大乘菴舊志

劉孝子故里在水澄巷孝子名謹字維勤府志　案孝子乃明初人詳鄉賢卷

蘸碧軒在鏡湖上嘉泰志

聽鶴軒徐一夔記云越城之陰有山曰小蓬萊道士多畜鶴郡有老儒王好問居山之南恒夜坐鶴數羣飛鳴而過因自署其軒府志

獨石軒在東中坊明吏部尚書董文僖玘家塾陶望齡董其昌嘗題藝於此各存題句庭前奇石兀立名曰奎星石傍有池曰奎星池呈報

榴花書屋在大雲坊大乘庵之東徐渭降生處中有大安石榴一本舊志

青藤書屋舊在府治東南一里許前明徐渭故宅郡人平午村筆記云青藤者木蓮藤也生於天池之旁天池在觀巷泉源清冽康熙年間爲僑指揮宅逼鄰街巷出售於閩人仲超仲超居姚江先得其旁余氏宅厲門下士修葺嫌門第窄隘復購指揮宅廣之隨將天池塡塞實在茶廳階石門屋之左假山之北後閩人氏售於張張復售於吳名蹟湮沒矣府志乾隆五十八年陳氏從施氏售而有之重加修葺渭手書扁額石刻及陳洪綬董瑒字蹟一一如故青藤枝幹蟠屈天池通泉澄澈見底水旱不乾溢謂塡塞失眞蹟者非也呈報

怪山書屋在縣南二里虞衡周襄緒別業舊志

詩巢在卧龍山上即宋西園故址通志本元詩人楊廉夫所構以擬放翁書巢後人祀廉夫因並祀賀祕監以下六人是爲六君子詩巢

國朝康熙間商和何嘉翊等重葺集同志者聯吟其中府志六君姓名詳壇廟卷中

宋社稷壇在城南二百九十步初政和間頒大晟樂祭社稷嘉泰志

雙闕舊經云城北門外雙木闕夾道闕樓內有築土漢時載長安土以爲闕也嘉泰志

案嘉泰志據舊經以正東之五雲門爲雷門但云重闕二層不言雙闕也水經注則謂雙闕在北門外闕外百步有雷門門樓兩層句踐所造雙闕或即所謂重闕第門名方所則相違矣鄭

道元足跡未到江南故所注水道不免乖錯而吳越時城闕遠在漢唐以前今古相懸變遷不一故籍沿襲徵信原難亦未可專責酈氏也

北郭外路南溪北城者句踐築鼓鐘宮也去縣七里其邑爲龔錢越絕書

舟室者句踐船宮也去縣五十里越絕書

苦竹驛去縣二十九里在苦竹城唐時爲驛今廢舊志

南林在縣南嘉泰志　范蠡曰越有處女出於南林越王聘之問以劍戟之術吳越春秋　處女善劍隱於南林句踐招訓戰士遇一叟自稱袁公求較藝以策爲劍而試之技窮投策化爲白猿入林華鎮考古

九里後漢龍邛萇隱居處山多龍鬚竹徐伯珍嘗移居之階前

生木連理石壁上夜有赤光俄頃滅舊志

梅花易洞胡龍臣居越王山下植梅數百株因名其處徐一夔記

防塢見山卷中

鐵隝墩在城外五里土墩隆起相傳卽漢時煅冶之所府志山陰縣有鐵官漢書地理志

冬青穴在天章寺前宋義士唐珏瘞宋陵骨處舊志詳鄉賢及藝文卷

石瀆在昌安門外案舊志云石瀆在上虞南史載上虞令王晏起兵攻郡孔顗率其衆聲云東討實趨石瀆則石瀆並不在東昌安門外有村名石瀆足可徵信舊志誤也府志

梅市在城西梅市鄉鄉有梅福里陸左丞適南亭記梅山少西有里曰梅市卽此嘉泰志事詳寓賢卷

安昌市相傳明鄭斗南由浦江遷安昌謀諸衆捐地爲街捐蕩

爲河於宏治二年開市來市者人給餺飥四枚市遂日盛呈報
右軍祠杜鵑姜夔白石道人集云右軍祠堂有杜鵑兩株花極照灼案夔游蘭亭詩野花只作晉時紅應指此府志
王元章畫梅周大樞吾春軒集云在蜀阜寺壁康熙間爲俗僧所堊以周念山畫石補之念山名應宿乾隆丙辰庶常工畫石府志

附古器物

案古蹟各詳方所猶可徵尋器物轉徙靡常石有時泐金有時銷矧竹木之材乎或者天生神物當有呵護之者姑著錄一二以佐軼聞

石船石帆鐵履鐵屐郡國志塗山有石船長一丈云禹所乘者十道四蕃志聖姑從海中乘石舟張石兜帆至此遂立廟廟中有石船船側掘得鐵履一量寰宇記宋元嘉中有人於石船側

掘出鐵屐一雙會稽記云東海聖姑乘石船張石帆而至二物見在廟中薮江北禹廟也嘉泰志

空桑鼓周大樞集云山陰蜀阜寺中獨木桑鼓相傳爲吳大帝戰鼓也府志

鏡湖大鏡崇寧閒漁人夜引網重不能舉乃召集同輩合力方升一大古鏡方五六尺厚如之持以鑑形昏暗中臟腑皆見置諸舟䆳鏗然有聲光彩炫晃躍入水中風激浪涌移時始定今湖中父老尚有及見者府志

右古跡

山陰縣志卷七

蘭亭圖
七賢橋

蘭渚山

華嚴尖

天章寺

右軍祠

蘭亭

碑亭

鵝池

墨池

山陰縣志卷七

山陰縣志卷八

土地志第一之八

昔先王疆里天下物土之宜而布其利自九穀六米而外凡園圃之毓山林藪澤之藏皆所以厚民生制國用是故鳥羞貂祭韭見栗零魚鹽蜃蛤之微蘘葭蕭茅之細莫不辨其名物著之於經國從政所宜知亦肄業所當及方州之志物產意在斯乎奈何數典徵名雷同塗附案之實政無所取材是則不可以入政事之編而以之類於土地之末予其名彌惜其實矣昔羅鄂州以箋疏爾雅之餘志新安物產極爲典贍而明儒方信作志補八卷獨奮筆曰土產志刪論尤精核所載止據正史圖經本草十二事耳山陰舊志廣注博引不免冗濫將謂仿昔人作志刪畧備一門足矣鄞志云必他土所無而美且多者始載則稻

粱菽麥瓜菜雞鶩且不登於書矣然不曰不如是而亦載可勝旣乎

稻之屬　蚤稻　紫口　朝穧俗謂之老了烏　龕稈　細稈　細珠　蚤白黏　晚白黏越人謂芒爲黏　料水白　烏啣來　鵝腳黃　健腳青　早黃黏　餘杭白　稚蒙　雪裏青　江西稻　矮宜興　椎糯　青稈糯　水鮮糯　羊鬚糯　臙脂糯　紅糯　矮方巾　黃殼糯

麥之屬　大麥　小麥　蕎麥

粟之屬　粳粟　糯粟　木粟　乳粟　狗尾粟　穄粟越人以稷爲穄偶植之不以供飧

豆之屬　赤豆　綠豆　毛豆　白扁豆　羅漢豆　虎爪豆　荘豆　刀豆　細蠶豆　青豆　黑豆　黃豆　白豆

蔬之屬　白菜　青菜　萊菔紅白二種　油菜　芥菜　甜菜　菁菜　萵苣　菠薐　薺菜　薹菜　環菜　蒿菜　胡荽　芹　莧　茄　瓠　芋俗呼芋艿宜水者曰水芋宜陸者曰旱芋　筍猫筍花筍箭筍三品絶佳冬月取猫筍萌土中者曰蕈筍尤爲土產之最　蕨　薑　山藥　薯蕷　胡蒜　蕈　茭白呂氏春秋云菜之美者越路之菌嘉泰志云今謂之茭首其白如藕而軟美　辣茄　葱　韭　薤　蒜

瓜之屬　王瓜　青瓜　西瓜　金瓜　甜瓜　絲瓜　冬瓜　香瓜　鵝子瓜　南瓜述異記云越有五色瓜王十朋風俗賦云賀瓜滿匾　蜜筒瓜

果之屬　楊梅會稽志云楊梅品之最佳者曰官長梅色紫實大核小出項里何塔六峯越人多漬以糖或鹽以案酒　梅府志云昌安梅最盛實大而美　李府志云越有黄蠟李麥熟李迎瓜李皺李白淡李紫茄李胭脂李夫人李　枇杷　桃府志云鏡湖之西映山照水如雲霞恍然異境　梨府志云越人呼爲梨頭如木柵之馮家梨映日紅破塘之清消梨皆最佳者　棗越人呼鮮棗謂白蒲棗牛頭山江塘所產者最佳　香圞

橘小者名金圓又名金豆杜荀鶴送人游越詩云有園皆種橘無瀦不生蓮　菱越人謂小者爲刺菱巨者爲大菱四角者爲沙角菱產莫盛於山陰每歲八月菱舟環集鑑湖中　蔗靈芝鄉出會稽三賦注云赤者名昆侖蔗白者名荻蔗　蓮子　芡俗謂之雞頭舊史云山陰梅墅雞頭最盛　藕　杏嘉泰志云越人謂鴨腳子曰杏而謂杏曰杏梅五月熟者名金杏　銀杏　柑　橙宋梅聖俞詩云越虀橙熟久　柚列子云吳越有木曰櫾皮青實丹而味酸形類香圓而大但不香耳爾雅音義櫾亦作柚　葡萄寶慶志云越中間有碧蒲陶王十朋詩云珠帳纍纍掛龍鬚慢慢抽從渠能美釀不要博涼州　栗　石榴越人呼爲金麗罌避錢鏐諱　落花生本閩粵之種今始有之　柰漢武內傳云會稽有果名棎亦柰屬也其佳品曰馬面棎　林檎　櫻桃　榧子　梧桐子　櫧子　山查土人謂之山裏果有青紅二種　木瓜陶隱居曰山陰蘭亭尤多　荸薺　苦櫧　茨菰會稽三賦云土實則有鳧茈茨菰

木之屬

松嘉泰志云臥龍及蕺山頂有古松禹陵松亦最古　柏　檜平泉草木記云木之美者會稽之檜　桐　梓十道志云越中多生豫章樹每風雨聞鐘鼓聲則生豫章卽梓也春秋時吳王好宮室越王使工人入山伐木天與大木一雙可二十圍陽爲梓陰爲楩柟　桑　柘　櫟　檀　楝　楮

柞其葉可以畏蠶城西北三十里有柞林村　樟　檫　櫧土人用作器　榧平泉草木記云木之奇者稽山之榧作几至滑淨王右軍最愛之　皂莢　相思木平泉草木記云得稽山之相思木

椶櫚　黃楊　榆　柳　楊　槐　烏桕　冬青　楓　槿

杉　朴　椐　桂　椿　油樹　杞　樫　樗　娑婆樹種出外國今在大善能仁寺者爲最高可五丈冬落葉其實療胃疼　廣東肥皂

竹之屬　箭竹幹直可以爲矢所謂會稽竹箭是也　猫竹幹大而厚異衆竹越人取以爲筏笋味甚佳　石竹　苦竹幹細而直可以爲管圖經云越出筆管　淡竹　筋竹性韌可作筏亦堪織簟西京雜誌云會稽貢竹簟號流黃簟　莢竹　篛竹　水竹　斑竹述異志云越中顧家斑竹用以作牀椅及他器甚清雅　紫竹　龍鬚竹　鳳尾竹　角竹　公孫竹　方竹　觀音竹　天竹　篆刀竹出越王嶂上節橫錯相間歐冶祖師遺跡也

花之屬　梅花嘉泰志云項里容山直步等地梅尤奇古可愛天矯如畫風俗賦云鴛梅並蒂越中有千葉鴛

鸞梅

蠟梅 越中自宋時始有曰狗蠅曰荷花曰磬口最佳謂之辰州本

牡丹 嘉泰志云吳越時最盛錢傳瓈爲會稽栽植甚盛若菜畦成叢列樹者顏色葩芳率皆絕異人號爲花精今之盛者止十餘本惟賓舍錢家牡丹高二丈餘莖如腕花常數百朵實不多得歐陽公花品云牡丹南出越州宋僧仲林序云越之所好尚惟牡丹其絕麗者三十二種澤國此月多輕雲微雨謂之養花天

線串牡丹　**篆枝牡丹**

杜鵑 嘉泰志云一名映山紅一名紅躑躅郡齋有杜鵑樓今廢法華雲門諸山皆有之

山茶 嘉泰志云昌安朱通直莊有一樹高三四丈

寶珠茶　**滇茶**　**白苓茶**　**石榴花**

海棠 平泉草木記云木之奇者會稽之海棠曰鐵幹曰西府曰垂絲曰菱零

木樨 府志云木樨有黃白二種越中有紅木樨謂之丹桂

四季

桂

木芙蓉 平泉草木記云會稽之百葉木芙蓉

碧桃 李光曰五里桃花色白而多葉附萼皆綠

緋桃

李花 嘉泰志云鏡湖之西如花徑容山諸處連岡接嶺皆桃李罨無襍木

杏花　**荼蘼**

薔薇 有紅白黃三種平泉草木記云稽山之重臺薔薇會稽之百葉薔薇

梔子 生谷者曰山梔生水涯者曰水梔六月尤盛府志云駝峯山多梔白花黃樹黃實

石楠　**瑞香**

木蘭 吳蜆鎮東臨軍使院記云大廈前木蘭特異越中稱爲一絕

凌霄 其蔓依木直上山陰最多有一歲三著花者唐元稹詩云寒竹秋雨

重菱香晚花落

木筆　紫薇　紫荆　木槿　山丹　芍藥　蘭越絕書云句踐種蘭於蘭渚山王右軍蘭亭是也種甚多以素蘭爲重　蕙　菊嘉泰志云昌安門內朱通直莊有佳菊數十種備極花譜矣　水仙嘉泰志云元祐間始盛一種曰金盞銀臺　蜀葵　鳳仙　雞冠　萱　洛陽花　芭蕉　石竹　玉簪　剪春羅　午時花　長春　罌粟　金絲花　荷一名芙蕖說文其花芙蓉其秀菡萏鑑湖及若耶最盛嘉泰志云山陰荷花最盛紅白青三種外有並頭蓮朱太守祠前後十餘里皆荷花李太白詩云鏡湖三百里菡萏發荷花又云荷花鏡裏香　木香　粉團花　僧鞋菊　波斯菊　珍珠蘭　玉蘭　茉莉　撒秧花　十姊妹花　蝴蝶花

草之屬

虎杖圖經云越州處處有之如竹筍狀有赤斑點爾雅云蒤虎杖郭注云似紅草可以染赤　莧　赤莖莧太平寰宇記云越州古稱出鮮麗之物橫山產草莖赤葉青死者覆之活會稽風俗賦云活人之草　藺有二種一爲蓆草一爲燈心草威鳳鄉及戴於山種之故有莞田　莎草　苻　蘋　藻　蒿　蒲　蘆荻　茗　蕺戒珠山所產蔓生莖紫味苦吳越春秋云越王嗜蕺嘗採以食今邑歲凶民斸

其根食之諺云豐年嫌我臭凶年賴我救　三白草嘉泰志云出鏡湖澤畔初生不白入夏葉端方白農人候之以蒔田三葉白苗畢秀矣　藍苔　芸　恒春草鄉人名爲千年潤　鼓槌草　旱蓮草　馬鞭草　馬鬢草　魚腥草　鴨跖草　萍越人謂之藻

蓼吳越春秋云越王志復吳仇臥則攻之以蓼　烟草近時始產爲蔬穀之害　水芝產芝塘

藥之屬　餘糧即禹餘糧土人呼爲茇艮產山谷閒山民遇歉歲取食之　羊蓍爾雅翼云麥門冬越名羊蓍　半夏　香附　芍藥　蒼朮　紅花　茴香　五味子

瓜蔞　紫蘇　山查　南星　百合　薄荷　梔子　車前子　蔓荊子　金櫻子　白朮本草云生杭越諸州　唐梨　薏米　青蒿　茵陳　丁香　茯苓　何首烏　千里光　金銀花　天花粉　山藥　枸杞子　劉寄奴　馬兜鈴本草日華子注云越州七八月採

益母草　燈草　枳實　陳皮　黃連　柏子仁　甘菊　桑黃　兎絲　女貞子　薏苡仁　豨薟　青箱子　側柏葉

艾　茅根　槐角　蒲公英　紫花地丁　金線重樓　白

芥子　夏枯草　石菖蒲

鱗介之屬

鯉嘉泰志云越人謂鯉之小者爲鯉花鱸之小者爲鱸敕鯽之小者爲鯽核　鯽　鱸

鮎　鱓　鱨土人謂之黃鱨亦謂之白條魚　鱖　銀魚　鰦　鰻　鱔土人夏至以後始食入秋則不食　狹猭魚越人呼黃色無鱗有刺之魚曰狹猭出狹猭湖　鰱土人呼白鱗者爲白鰱赤鱗者爲紅鰱　鰍　梅魚梅花時出越問云梅魚桃鯔數異品也　蟹小者爲蟛蠘大者爲黃甲產三江海涯又有紫蟹產上河味尤佳　鰕　蟶產三江海涯　鰻線鰻之初生者數寸瑩白如線產三江惟清明後十日有之　雞冠蚌屬重者可二十餘觔中常有珠出狹猭湖　鱧　龜　吐鐵府志云狀類蝸而殼薄吐舌銜沙沙黑如鐵至桃花時鐵始盡吐味乃佳醃食之宜飯　糊魚銅槃湖產最多

禽之屬

鷓鴣　戴勝越人云降桑遇金日主穀賤月令所謂戴勝降於桑蓋三月始出也　鴉嘉泰志云有一種土人呼爲寒雅歲十月自西北來其陣蔽天及春中乃去　鶻　鴿　鸛　雞　鵝王右軍居蕺山性愛鵝有老母養一鵝善鳴求市未得遂攜親故以就觀焉　鴨　野鴨嘉泰志云頭中

有石云石首魚所化 鵲 鶻鳩 斑鳩 鵓鳩 杜鵑 烏越王入國有丹烏夾王而飛廼望烏臺以紀其瑞 鶯 鵪鶉 燕 鶺鴒嘉泰志云土人呼為雪姑鳴則當雪

斲木 黃雀 畫眉 白鷴 雉 鸖鴼 桑扈 百舌 鸜鵒 練雀 竹雞 黃頭 白頭公 鶚 鵜鶘越中不常有有則大水

鷺鷥 鸕鷀 鷗 鸂鶒 鴛鴦 鷸 梟

獸之屬 牛 羊 犬 豬 豪豬 野豬 鹿臥龍山舊有三五十頭禁捕明末無有存者今諸山皆有遇雪則多 麂孔曄記云越中有三足白麂 虎 竹狗 貓

鼠 栗鼠 松鼠 鼷鼠唐陸淳曰會稽有小鼠能噬牛纔傷皮膚無不死者左傳曰鼷鼠食郊牛信然 猿 兎 狐 牛尾貍 馬 驢 騾 獺 黃鼠狼 豺狗 柿貍 九節貍 玉面貍味美明初以此作貢

蟲之屬 蠶 蟬 蜂 蝶 螢越人謂入室則有客 蚓 蝸牛 蚱蜢 螻蛄 蜈蚣 蝘蜓 蜻蜓 蛭 蟋蟀 蟢蜋

器之屬　箭爾雅云東南之美者則有會稽之竹箭焉越中有竹名爲竹箭宜爲矢自漢以來並謂矢爲箭雖用稱用楛亦呼爲箭　簟西京襍記云會稽貢黃簟今無　竹扇　蒲扇　草蓆　瓷盌陸羽茶經云盌以越州爲上今無　祕色器相傳錢氏有國日越州燒進爲供奉之物臣庶不得用之故名今無　紗燈　紈扇　火熜

貨之屬　鹽三江錢清二場鹽利甚溥詳田賦卷　茶臥龍山產佳茗芽纖短色紫味芬名瑞龍茶會稽志云會稽產茶極多佳品惟臥龍得名亦盛與日鑄相亞杜牧之詩云山實東吳地茶稱瑞草魁　老酒會稽縣志云越酒行天下其品頗多而名老酒者特行　豆酒一名花露甲於天下　燒酒　酒糟諸物迎其味即甘美　醋　笋乾品類最多　羅嘉泰志云越羅最有名輿地志云越貢寶花羅　綾有花素二種潤而輕唐國史補云初越人不工機杼薛兼訓爲江東節制乃募軍中未有室者厚給貨幣密令北地娶織婦以歸歲得數百人由是越俗大化競添花樣綾羅妙稱江左矣　耀花綾舊傳隋煬帝幸汴越人進耀花綾有文突起特有光彩伊時有蠶婦乘樵風於石帆山下收野蠶繅之蠶婦夢神告曰禹穴三千年一開汝所得野蛾繭即江淹書橐中壁魚所化織絲爲裳必有光彩織之果如所言人聞不敢服遂進上之今無　縐紗　縠嘉泰志云句踐始得西施鄭旦飾以

羅縠是也今縠之名不存大率以羅綺代之

絹出板橋者多可爲衣裏　苧　葛　蔴　絲

紬　綿紬　竹紙會稽志云會稽竹紙今天樂鄉出紙尤盛民家或賴以致饒宋米元章薛道祖曾文清皆有越州竹紙詩　梅市布幅隘而光潤　椶幅經用絲而緯以木棉　小春布經用苧而緯以棉紗　綿紙韓昌黎毛穎傳稱紙曰會稽楮先生是也　黃紙　草紙以草爲之出南池者佳

菜油　芝蔴油　桐油　柏油　燭　箬　靛青　蜂蜜　銅

錫　黃蠟　碧石產碧山　據各舊志

右土產

山陰縣志卷八

山陰縣志卷九

人民志第二之一

厥初生民一而已矣不鳩而戢不醻而和不盟約而孚不德禮而格無懷葛天蓋無得而稱焉洎乎星土既分質文遞嬗始而體國經野繼乃設官分職勞心勞力有人有民聖人之情見乎辭君子之器不可假是故服衣三尺輒辨等威共井一區自爲風氣大雅假樂一章非獨頌禱之文殆以專責成示鄭重與茲爲人民輯志首人而次民斷自令長則禮制所限也案令長者秦官漢始以戶爲差始著其祿入之秩及丞尉佐史各有差自後官制大氐相沿晉宋以後官亦授田謂之職田始詔守民之官以六朞爲限及以三周爲小滿又有以芒種前後別其祿入與計月分祿之法其貳屬始有功曹掾史簿錄記室等多員隋

唐略同隋始以三分制祿有帛有粟有錢而以帛若干匹爲秩唐始釐爲七等京都所治曰赤旁邑曰畿滿四千戶曰望餘亦以戶爲差其祿入有田有俸若有戍兵則有兼兵馬都監兵馬監押等名馴至唐季則多用武臣鎭將五季爲甚宋初乃定用文臣其後則參用朝臣京僚若甲科若幕職以重其選其丞若簿尉亦以大小爲差而多寡罷置兼專無定元分上中下其丞若簿尉亦同惟上者置達魯花赤以監之秩與尹同而班於尹上達魯花赤司印而尹封之宋元皆有田有俸與唐略同明制始定爲知縣秩正七品其貳屬則置縣丞主簿典史爲常員

國朝因之學校官始於漢或曰經師晉曰教官掾隋唐有博士教授等名許自辟置然罷置不常至宋初始詔各縣置學後竝定爲朝廷命官元明以來因之特據古今名籍之可稽者列於

表云

秦 漢 吳 晉 宋 齊 梁 陳 隋 唐 宋 元

縣令 令 令 令 令 令 令 令 令 令 令 令 尹 達魯花赤

厲狄 與項羽起山陰 王關 建武初任有傳 吾粲 黃武元年任有傳 沈叔任 有傳 張岱 裕之子大明中任有傳 周顒 宋剡令建元中任有傳 謝岐 邑人 褚玠 大建中任有傳

后協

虞肩 虞亘

魏騰 上虞人 魏偉 顧覬 王沉 天監中任 郎璣

羊旋之 有傳 王翥 包頡

萬元 江統 元嘉中任有傳 沈憲 天監中任 丁遵

洪之祖陳留圍人有傳 江秉 武康人建元中任有傳 沈僧別浦

朱然 有傳 王寶之 新蔡人太始中任有傳 昭 千文

劉元 武康人有傳 憲

吉材 段襃 高文

權言益 鞠訊 秀

韋友 開封人淳化中 豆盧

順 任 翼

京兆人 李茂 開珉

濮雲 先 蒲察

斯忌 陳舜 攸

牛謙 俞 李如

祁休 熙寧三年任有 忠

王鎮　种貴明　沈浚
之　和睦　臨淮人有傳　憲之孫有傳
太和中任有傳　徐豁　劉岱
魏顗　姑幕人元嘉中　傅翽
邑人有任有傳琰之子　傳　有傳
謝森　傅僧　王詢
劉爽　祐　孔泰元年任有
王淮　靈州人傳　有傳
之　孔僉　邱仲
有傳　邑人有傳　孚
顧琛　傅琰　烏程人東昏時
元嘉中　僧祐子　任梁再
任至宋　太和中　任有傳

姚昺　傳　薛依
宰知　苗滋　二
徹　林觀　定定
嚴遁　章甫　達曾花亦有傳
一作嚴熙寧中　廉寶
通元　任
山約　王鑄　之
趙虆　高敏　趙師
徐斗　信　道
南　紹典初任　買棟
甘守　趙汝　眞定人有傳
忠　駉　陸澮
張遜　嘉定十六年任　馬欽

丞

遷太守任昇明初再任有傳

虞谷　餘姚人

顧寶光

陸邵　景平初任有傳

乾寧初任有傳　林順□書

馬瓏孫　吳秀

焦楷棗公夫人

彥　常州人

張囊　嘉定中任

麋弁　咸淳中任

丞

胡稷言　嘉祐中任

丞

戴正　鄱陽人至正中任有傳

主簿

尉

徐玹　德祐中任

主簿

范致君　崇寧中任

尉

尉

尉

崔國翁

仲李艮

輔通佐

元宗朝治朱儲斗門　任

鄭嘉

正

學

龍游人　俠之孫　紹興中任

教諭

孫原夔　餘姚人　有傳

徐謙　至正二年任

薛輝　至正五年任

陶儀鳳

黄本 至正閒任紹興人
孔之熙

右職官表一

明	知縣	縣丞	主簿	典史	教諭	訓導
洪武	戴鵬 信都人二年任	周允恭 永豐人十二年任		陽春 二十年任有傳	王儼 薦辟二年任	陳韶 蕭山人薦辟元年任
	崔東 九年任有傳				韓宜可 邑人六年任有傳	薛正言 新昌人薦辟六年任有傳

王時中 十二年任

張宣

胡志學 二十二年任有傳

李祿受 三十一年任

建文

譚應奎 三年任有傳

姜榮 三年任有傳

王受言 十三年任有傳

王應夢

永樂

宋昌　四年任

鞠斌　元年任有傳

黄昇　四年任有傳

何樵　四年任有傳

王耕　十二年任有傳

岑子元　壩官有傳　据府志附載

李開　十五年任

宣德

李孟言　元年任

傅順　四年任

孫禧　九年任

正統

錢浩　元年任有傳府傳作宣德

李衡　二年任

王仲德　六年任

王宣　八年任

景泰

呂齊　三年任

陳祿策　二年任

李斌　元年任

李伯璵　六年任府志作伯嶼

郭鄭　二年任

天順
周鐸 元年任有傳
王迹 元年任
陸振 元年任
王志洪 元年任
鄭浩 元年任

成化
胡璉 元年任
田昱 十四年任
陳記 十一年任
周灝 十七年任
姚艮 五年任
李玨 元年任

金爵 五年任有傳入祠
劉艮 淮安人十六年任
石城 十四年任
崔武 二十二年任
嚴彪 十六年任
譚淵 五年任

王倬 十四年任有傳入祠
賴珪 二十年任
開銓 十九年任
陳宗儒 十八年任府志作崇儒
謝芳 十一年任

蕭惠 廬陵人十七年任
尤繼艮 二十二年任
趙慶 二十三年任
傅迪 十九年任
李寅 十四年任

胡琦 臨淮人十八年任
鄭選 十六年任

宏治

李良 元年任有傳	鮑克敏 七年任	郭東山 掖縣人十年任	杜宏 十四年任有傳	張元春 新建人十六年任	
楊寬 十一年任					
劉瑭 五年任	徐錦 八年任	王世良 十一年任	徐梁 十四年任	李範 十六年任	
劉壽 五年任	丁順忠 十四年任				
周剛 九年任	賴從善 十二年任	黃仕宏 十四年任	劉從興 十七年任府志作朝興		
徐貫 六年任	崔紀 七年任	朱鳳 九年任	方芬 十年任	賴紹 十二年任	黃聯 十四年任

		正德				
		張煥 五年任有傳	孫瓊 大庾人九年任	顧鐸 十四年任有傳		
		孔公翊 二年任	任顒 九年任	劉愷 十二年任	王澤 十四年任	
		陳鑰 元年任	張鋭 六年任	匡直 九年任	張淮 十二年任	
		黃憲 二年任	高忠 七年任	翟文鳳 十二年任		
		李文顯 三年任	彭僎 六年任	崔復秀 十年任有傳	汪瀚 十五年任府志作翰	
鄒觀 十五年任	黃式 十七年任	徐粲 元年任	李淮 三年任	吳瑛 四年任	李文明 八年任	

嘉靖吳瀛 洛陽人二年任
汪文 二年任
田秀 三年任

楊行中 五年任有傳
應佐 五年任有傳
王世隆 九年任

劉聞 九年任有傳
曾瑄 十年任
施容 十一年任

方廷璽 歙人十四年任
嚴學 十三年任
賀恩 十五年任

許東望 十九年任有傳入祠
劉試 茶陵人十七年任
李浩 十七年任

熊新 十三年任

許德 五年任府志作許德嚴
林斌 五年任
劉鳳鳴 元年任

王瑚 十四年任
費寧 鉛山人十年任
王昇 五年任

方伯昇 十七年任
藺錡 揚州人十六年任
陳文瀚 八年任

林公輔 十八年任
張佐 二十五年任
鍾爵 十四年任

王京 壽州人二十二年任
諸應潮 上海人三十年任府志作
鄭克恭 福清人十五年任

江陰縣志　卷六

周俊民 無錫人二十三年任
何瑃 泰興人二十八年任
葉可成 吳江人三十二年任
李甫燮 高唐人三十五年任
陳懋觀 三十六年任有傳入祠
林朝聘 閩人三十九年任

楊威 荊州人二十一年任
王文誥 貴州人二十五年任
金詵 金谿人二十八年進士謫
陳應占 嘉定人三十年任
滕槐 全州人三十三年任
任大壯 河間人三十八年任

楊世昌 二十年任
黃復亨 二十六年任
胡鑾 二十九年任
吳宗周 三十一年任
葉士元 三十三年任
崔畢 膚施人三十五年任

高淮 江都人二十六年任
王應可 莆田人三十二年任
于尚文 遷安人三十五年任
王愷 六安州人三十八年任
林文漢 閩人四十三年任

應朝
王鐸 宜章人三十五年任
羅煥 三十八年任
王朝 華亭人四十年任

茍褒 二十年任
郭宏愷 二十二年任
高中孚 太倉人二十四年任
張朝理 二十七年任
何溉 二十九年任
葉文科 三十一年任

楊家相 江寧人四十四年任

熊級 德化人四十一年任

陳一中 龍溪人三十八年任

陶治 雲南人四十四年任府志作陶治

董乾 四十年任

彭惠揚 安仁人四十四年任

蕭仁 仁和人三十五年任

胡長紳 長汀人三十七年任

張燠 三十八年任

馬勳 四十二年任

隆慶

張桐 泰州人二年任

潘標 新城人二年任

譚紹基 四川人二年任

何洧 二年任

黃志伊 番禺人二年任

蕭鯨 高苑人二年任

徐貞明 五年任有傳入祠

吳廷臣 四年任

禹貢 四年任

黃錬 四年任

陳善 肇慶人三年任

汪大晃 太平人三年任

萬曆					
張明藩 黃縣人二年任	劉尙志 安慶人四年任	毛壽南 十五年任有傳入祠	葉重第 吳江人十五年未任丁憂	楊楷 十九年任	
劉中	曹慶之	王詔	鄭日輝 莆田人	莊彥龍 據府志補	
王澤 初年任	楊夢奇 寧國人以清愼稱	王鯉	范旹	胡遂志 貴池人舊志云後奉裁	
王淑卿 崑山人	秦邦恩	萬言中	黃應科 福清人	吳友賢	
沈質 上元人四年任	彭大翮 揚州人八年任	程夢吉 常熟人十二年任	傅良言 臨川人十五年任	蔣廷堅 晉江人二十年任	朱璟 吉水人二十四年任
金伯艮 華亭人四年任	張煥 松江人元年任	吳槐 六安人	黃在裘 番禺人三年任	李時春 高要人六年任	王廷默 九年任

耿廷柏　二十四年任

張鶴鳴　徐州人二十九年任

以上七員府縣二志年分互異

余懋學　三十二年任　入祠

吳庭雲　四十年任

丁應辰

俞鳳梧

劉逼

蕭以愼　永明人

張惟和　銅陵人

關夢龍

王公繩

陳如圭

查經禎

程章

劉守謙

曹守獄

吳士謚

靳夢奎

以上八員據府志補

吳洪

唐學書

林梓

汲士望

林時盛

李渭

吳挺秀

李逢春

以上八員據府志補

余元錫　三十二年任

任元忠　三十六年任

曾士捷　崇化人

劉文元　平湖人四十年任

余喬桂　平湖人四十七年任

陳必用　鄞人十一年任

凌旣明　安吉人十三年任

徐鐸　江陵人十六年任

溫子傳

陳有孚

陳嘉猷

陳守貴

邛達可

閔仲濂

蔡溥　鄞人

陳用貴　臨海人以上七員據府志補

王材　孝豐人四十四年任

	天啟				崇禎
	張捷 六年任	馬如蛟 六年任有傳入祠			王陞 元年任有傳府志載入丰簡
	王觀梅	孫惟賢 鳳陽人	宋一魁 當陽人	以上九員據府志補	包大普
	柳畟	呂榮賓	譚文華	梁峻	魏邦儒
	劉謨 據府志補				翁元輔
	楊德章 常山人四年任	項隆先 嘉興人六年任			鄧光復 寶坻人四年任
王可大 松陽人四十六年任	許炳 石門人二年任	莊巖 嘉興人五年任	徐思復 常山人七年任		徐淶 新城人三年任

范鑛 二年任	鍾震陽 三年任	史纘烈 六年任	謝鼎新 八年任	汪元兆 十三年任府傳作兆元	錢世貴 十六年任
文息民	裴金帶 汾陽人	羅應奎 樂昌人	趙鼎元	須永 嘉定人	王國昌
許長春 六年任	包大善 舊志載入縣丞	陳誥	楊爲棟		
劉美	涂國泰	閻汝哲	邢應期 十年任	王一賓	黃如金
鍾鴻潁 嘉靖人六年任	鄧之鳳 南海人八年任	周英 天台人十三年任	陳東瀛 仁和人十七年任		
孫林 永嘉人五年任	徐時泰 和典人	王成性 以上二員據府志補	余金垣 瑞安人七年任	張邦和 開封人九年任	王萬世 淳安人十二年任

徐徵麟 十七年任	于公允 末年
劉長 以上七員據府志補	

駱光賓 義烏人十四年任

林之鸞 瑞安人十六年任

朱允治 永康人十七年任

案王鎮之舊志云太元中舉爲合蓋在晉明帝時府志職官名官二志一注曰宋一係以晉孔僉本梁人舊志則係以宋及明諱應奎姜榮皆在建文三年舊志府志或稱洪武末或稱洪武三十三年或稱辛巳此毋論改姓易世之後理應直書即在前明亦不應諱且洪武止三十一年安得誣稱曰三十三年明成祖以建文四年六月即位詔稱洪武三十五年以明年爲永樂元年野史故有革除之說而當時奉行太過甚至追改建文元年爲

洪武三十二年又或於永樂實錄中憑空署以元年二年三年四年字樣臣道史法皆失之矣所當糾正精以著建文一朝之統選舉表同又錢浩舊志係於正統府志職官名宦二志一注正統一作宣德其餘歷官時代先後頗多舛誤姓名亦時有互異今姑據舊志作表而於各傳中詳其次第異同以備參攷

石職官表二

皇淸	知縣	縣丞	主簿裁 巡檢附	典史	教諭	訓導
順治	彭萬里 二年任	屠肇基		周士奇 三年任	曾從文 仁和人	劉惟澤
	李爔然 三年任	蘭麟 嵐縣人府志起麟		胡思敬	杜應用 西安人四年任	曹燕懷 海鹽人任

顧予咸 四年任有傳入祠	陳廷南 盧龍人		項之俊 六年任	費坡 慈谿人八年任	董治 餘杭人四年任
劉應斌 十年任	李承銓		柯重華 江南人十七年任		熊開世 龍泉人八年任
常芳 十三年任	劉呈圖 保安人				
李曾 十七年任	張星煌				
	張迂 茌平人				
康熙					
湯祖鋐 三年任	張啓學 馬邑人府志作起學		段文繡 直隸人	高基重 嘉興人四年任	施夢祺 平湖人元年任後奉裁至

高登先 六年任有傳
景融 十六年任
范其鑄 江夏人十九年任有傳
高起龍 旗下人二十三年任
盧緯 黄安人舉人二十七年任
運熹 旗下人三十一年任

文軾 長洲人十七年任
莫夢生 上海人
張維漢 富平人
李憓 渭南人

林鳳鳴 福建人
戴文賓 陝西人
嚴明忠 直隸人
范新命 文安人五十一年任
王樸 滁州人五十八年任

葉上選 慶元人十八年任
程士栻
王世耀
蕭垂 海鹽人入祠
胡其燦 義烏人
林人傑 青田人

十七年復設
王熒 嘉興人十七年任
陳一沲 寧海人二十年任
錢彩 桐鄉人
李成大 嘉興人四十五年任
毛搏霄 遂安人五十九年任

顧培元　直隸通州人副榜三十四年任

王松茂　武安人舉人三十四年任

顧彬　長洲人四十年任

徐俊　旗下人四十一年任

高天驥　江都人舉人四十八年任

楊爲棫　巴陵人五十二年任有傳

王國樑　旗下人歲貢五十六年任

丁宏　大興人六十年任

雍正

石泌　盧龍人四年任

梁孟仁　容縣人元年任

李士蕚　易州人元年任

錢兆淳　長興人三年任

沈圻　武康人三年任

沙漠鰲　如皋人六年任

胡文彥　大興人五年任

王思忠　富平人九年任

葉祥光　桐鄉人九年任

胡兆昌　大興人十年任

楊嗣琇　上元人十一年任

朱維基　大興人十二年任

劉晏　亳州人十一年任有傳
沈偉　鄞縣人十九年任

乾隆
林其茂　閩縣人進士七年任有傳
吳士鶴　滄州人二年任
秦鉷　二十一年十月自白洋移
方廸　旌德人二十六年任
沈作楫　德清人十四年任
吳高增　嘉興人七年任

呂大雲　漢軍十三年任
李郭基　山西太平人八年任
駐柯橋以前無攷
沈夢麟　大興人二十九年任
李志曾　安吉州人十六年任
張身浩　嘉善人二十年任

舒瞻　正白旗人十四年任有傳
陳宗功　嘉應州人十五年任
蔡奕純　二十六年署印
高攀桂　鹽山人三十五年任
姚士湖　衢州常山人二十四年任
章振先　遂安人二十六年任

李升階　鄞縣人舉人十七年任
蕭超羣　德陽人二十九年任
周仁　二十七年任
高文炳　黔西州人四十六年任
陸坪　海鹽人二十八年任
駱淵　臨安人舉人三十八年任

萬以敦　阿迷州人二十年任有傳
李自昌　銅山人四十二年任
楊羲　三十年署印
錢慈明　嘉興人四十二年任
陸鐄　仁和人五十七年署事

五寶　滿洲鑲藍旗人舉人二十七年任

李夢奄　華亭人五十六年任

毛輿祚　陽湖人五十九年任

曾如灝　三十一年任

徐承恩　三十二年任

程兆鏗　永康人舉人四十五年任

吳汝霖　錢塘人五十六年任

陸如松　烏程人舉人五十六年任

程棨　錢塘人六十年署事

祝元程　固始人貢生三十年任

李馨　三十四年任

黃宗伊　大興人舉人三十五年任

顧沅　三十八年署印

鮑祖幹　江寧人三十六年任

孔毓淇　三十八年任

趙思恭　肅寧人貢生三十八年任

劉元魁　三十九年署印

莊文進　晉江人進士四十六年任

金仁　順天通州人貢生四十九年任

張怡熊　南皮人監生五十一年署印五十五年實授

郭文鋕　閩縣人舉人五十五年署

司光竣　四十二年署印

陳鰲　同前　四十三年再署

劉銑　四十三年任

黃伯諡　四十七年署印

裘世璘　四十八年任

余登　四十九年署印

汪長齡　歷城人進士五十八年署

趙宸揚　都昌人舉人五十九年任

劉炳　大興人舉人六十年署印

馬星燕　五十一年任

李昌　五十二年署印

王金輅　五十三年署印

蔡履　五十四年署印

陳松　五十七年署印

劉銑　五十七年任

繆之澧 五十九年任

毛興祚 六十年兼署

嘉慶

趙擢彤 萊陽人副榜元年任

朱邦 高安人監生五年任

陳鼎 六年代理一月

宋濰 江蘇人六年任

林敷英 永嘉人舉人元年任

曹秉鈞 嘉興人元年任

劉炳 元年再署印

黃懷瑾 七年署印

康廷杰 六年署印

陳石麟 海鹽人舉人二年任

秦湘 金匱人舉人二年署印任

朱邦 八年滇差回

馬光暐 七年任現解滇餉

伍士備 廣東人拔貢一年任

程炳泰 八年署印

劉照 南昌人監生 四年任

裘世璘 大興人監生 四年任

華枋 金匱人舉人 六年署印

徐元梅 羅山人進士 現任

右職官表三

山陰縣志卷九

山陰縣志卷十

人民志第二之二

漢之辟士尙循古鄉舉里選之遺得人爲盛其最著者明經孝廉賢良茂才數科而已晉以後始有秀才隋始有進士唐初有秀才明經進士等謂之六科初頗重秀才貞觀時舉秀才不第至罪其州長於是停秀才而進士始盛歲舉常選而外則有制舉所以待非常之才有翹關負米諸科則兼及材武之士通唐一代見於史者凡五十餘科宋有進士明經學究明法等科有制科特科右科又有正奏名特奏名恩例賜出身諸制又有鎖廳試別頭試牒試寓試混試諸名通宋之世凡一百有四舉元初以儒術選士詔諸路試以論及經義詞賦分爲三科中葉以後兼用保舉通元之世凡十六科明初全用薦辟洪武三年庚

戌開鄉會科至六年而罷十七年復行遂爲定制其貢士之制凡縣歲貢一人或間歲一人或三歲一人遇國慶恩則增一人於常貢之外曰恩貢通校其文而甄錄之曰選貢（類今拔貢優貢）副榜曰準貢（即今副貢康熙間許捐貢乃名曰准貢）至武科目在唐以前無常制宋之右科即武科也唐宋以來有武舉而無進士（文有進士而無鄉舉）至明而舉行鄉會一與文同惟鄉試三科中式乃得就部選授把總後有會舉就選與三科等其與文一體廷試傳臚分甲則自崇禎辛未始此歷代文武選舉大畧也

聖朝籲俊闢門正異兼拔文武並重制亦畧仿前朝而得人之盛古罕倫比越中人文科目尤爲彪炳一時今所輯之表裒然可觀也顧吾聞古之人耕且養三年而通一經三十而五經立其不汲汲於聞達也如此抑載籍以來科名之士夥矣而登科

録之傳於今者獨宋紹興十八年及寶祐四年二帙何哉則以先賢朱子暨文謝諸賢在也科目重人與人重科目與有志者盍交勉焉

歷代薦辟	進士	舉人	貢生	武進士	武舉
漢					
鍾離意有傳					
鄭宏有傳					
韓說有傳府志作銑					
盛憲有傳					
賀純有傳					
趙煜有傳					

謝夷吾有傳 據府志補

三國

鍾離牧有傳

闞澤有傳

吳

賀齊有傳 以上二人據府志補

晉

賀循有傳

謝沈有傳

丁潭有傳 據府志補

宋

孔靖有傳 據府志補

齊

孔凱有傳 據府志補

賀瑒有傳

梁

孔休源有傳

郭世道有傳 府志作世通

陳

孔奐有傳

唐

孔若思有傳

孔季翊 秘書郎附孔紹安傳中宗時

孔敏行 諫議大夫贈工部尚書附孔述睿傳元和初

吳融有傳 龍紀初

吳蛻 右拾遺昭宗大順初

嚴維 有傳 又中詞藻宏麗科至德中 據府志補

羅讓 有傳 大順中據府志補

吳程 有傳 蛻子

後唐

宋

莫叔光 有傳 乾道五年

陸佃 有傳

杜衍 有傳 大中祥符元年戊申姚煜榜

陸佃 熙寧二年省元

傅崧卿

據府志補

錢藻 進士舉賢良方正科據傳補年分無攷

傅營 大觀二年省元府志作政和四年

陸軫 有傳 以上大中祥符五年壬子徐奭榜

諸葛安節 淳熙十六年別院省元

傅瑩 營弟天禧三年己未王整榜

褚珵 寶元元年戊寅呂溱榜

梁佐 慶歷六年丙戌賈黯榜

褚理

理之弟

傅傳正

王淵

唐毅

以上嘉祐二年丁酉章衡榜

褚理

理之弟嘉祐六年辛丑王俊民榜

褚唐輔

嘉祐八年癸卯許將榜

陸佃有傳

軫之孫

陳銑 府志作詵以上熙寧三年庚戌葉祖洽榜

王容 淵之子

陸傅 佃之弟以上熙寧六年癸丑余中榜

丁希説

傅勉

梁遘

佐之孫以上元豐八年乙丑焦蹈榜

李宗典 府志作朱典宗元祐三年戊辰李常寧榜

陳競 兢之兄

唐翊 有傳 穀之子以上元祐六年辛未馬涓榜

陳揚庭 有傳 徽宗賜名過庭紹聖四年

丁丑何昌言榜

唐竦 穀之子崇寧二年癸未霍端友榜

褚唐舉 理之子大觀三年己丑賈安宅榜

傅崧卿 有傳

杜師文

陸長民 軫曾孫以上政和五年乙未何㮚榜

諸葛行敏 政和八年戊戌嘉王榜

徐顯

梁仲敏 有傳 遘之子以上宣和三年辛丑何渙榜

傅墨卿 有傳 正之子宣和四年壬寅賜同進士出身

諸葛行言 行敏弟宣和六年甲辰沈晦榜府志在四年

唐閱
　穀之孫

梁仲寬
　遘之子通志無以上建炎二年戊申李易榜

葉藩

杜師旦
　學碑作文旦以上紹興二年壬子張九成榜

王俊彦
　紹興五年乙卯汪應辰榜

唐閎

傅翺之子附唐誠之榜

傅翺傳紹興十二年壬戌陳誠之榜

傅晞儉

張之綱

梁仲廣 遘之子以上紹興十五年乙丑劉章榜

王佐 有傳 俊彥子狀元

張穎

陸升之 長民子

陸光之 長民子

沈壽康 以上紹興十八年戊辰王佐榜

唐準 翊之子紹興二十一年辛未趙逵榜

王公袞 俊彦子附王佐傳紹興二十四年甲戌張孝祥榜

陸游 有傳

佃之孫紹興三十二年賜進士出身

俞亨宗傳有

莫叔光傳有

以上隆興元年癸未木待問榜舊志作二年誤

張澤

兵部尚書

傅顧

杜弼

以上乾道二年丙戌蕭國梁榜

陸涑 游之弟乾道五年己丑鄭僑榜

唐灌 準之弟淳熙五年戊戌姚穎榜

諸葛千能 行敏姪

陸子慮 長民孫

梁汝明

宋駒

以上淳熙八年辛丑黄由榜

陸澤

陶定後　府志作之後以上淳熙十一年甲辰衛涇榜

諸葛安節　行敏孫省元通志作鄞人

莫子緯　叔光子以上紹熙元年庚戌余復榜

莫子純　有傳

叔光姪狀元以有官充第二人慶元二年丙辰鄒應龍榜舊志作嘉泰元年誤

傳誠

墨卿元孫慶元五年己未曾從龍榜

梁簡

仲寬孫開禧元年乙丑毛自知榜

諸葛興有傳

行敏姪嘉定元年戊辰鄭自誠榜

唐檵 翊曾孫嘉定四年辛未趙建大榜

陸若川 升之孫

丁煇 希説曾孫府志作煒

丁燧 煇弟

尹煥

閻璋

鄭大中

楊權　以上嘉定十年丁丑吳潛榜

諸葛十朋　行敏曾孫嘉定十三年庚辰劉渭榜

王建封　嘉定十六年癸未蔣重珍榜

陶夢桂

陸壑　有傳改名景思佃五世孫以上

紹定五年壬辰徐元杰榜

陸逵

陸勉 以上寶祐元年癸丑姚勉榜

徐天祐 有傳

景定三年壬戌方山京榜

杜淑

鍾離常 以上咸淳七年辛未張鎮榜

王易簡

元

徐中 諸暨州學錄太平路經歷省元至正元年府志作至元元年

據傳補年分無攷

張福

張宏道 延祐二年乙卯張起巖榜

王裕 有傳

邵貞 延祐五年戊午霍希賢榜

高本立

高復亨 以上至正六年

陶澤 稽山書院山長至治元年辛酉林仲節榜

錢宰 至正十年據府志補

傅堅 泰定元年甲子張益榜

唐肅 至正二十三年據明史補

趙宜浩

蕭國寶

府志作宜造年分無考據泰定四年丁卯李黼榜府志補

錢宰 府志會稽人據傳補至正十一年辛卯文允中榜

趙琡 府志作傑至正十四年甲午牛繼志榜舊志十五年誤

明

洪武 元年戊申舉明經官本吏部主事

王儼 有傳 府教授

趙旅

趙旅 楊子文

阮吉祥 府學 趙貢文

虞文采 舉茂才操行知府
嚴永康 舉賢良方正官副使
唐肅 有傳
徐伯辰 中之子訓導
韓宜可 有傳
王武 舉明經通判
周觀政 有傳
唐之淳 有傳

楊士文 襄陵縣丞府志作楊文誤
柳汝舟 臨海縣丞
喻文龍 扶風縣丞以上四年辛亥
吳伯宗榜
王時敏 經歷
鍾志道 御史
陳思道 有傳

柳汝舟
喻文龍 府志作俞誤
陳思道
邵伯正
以上三年庚戌科
魏思敬 府志餘姚人
王時敏 案府志有兩王時敏一在三年
鍾志道

以上十六年
鄧宗經 府學
周得中 知縣以上十八年
蔣顯 府學
薛可行 御史以上十九年
錢述 府學
陳性善
邵謙 縣丞以上二十年
駱庸 府學

劉子華有傳
馬壽 教授
馬貫 知事
趙琡有傳
馬恭 長史
姚本 知縣
翁敏 教授

魏思敬 府志餘姚人案舉人表補
邵思恭 據府志屬會稽舉人屬山陰以上十八年乙丑丁顯榜
駱士廉 知縣
李仲 國子監助教舉人科分無攷以上二十七年甲戌張信榜

應天中式
邵思恭 據府志補以上十七年甲子科案洪武六年後罷科舉者十有二載至是年始復開科
劉貞有傳 二十年丁卯科
錢琪 府志作淇
馬文炯 知縣省志作御史以上二
馬觀音奴案十四年

知縣
陳嗣宗 知縣以上二十一年
方季仁 府學 二十二年
徐士宗有傳
府學
王惇 主事以上二十三年
錢魯 府學
金昞

陸溥 教諭
白範 有傳
毛鉉 有傳
包大用 舉明經任訓導
潘允 郎中
胡粹中 有傳
黃里 有傳
陳名裕 通判

劉仕謗 府志作士謗年 探花編修
呂尹旻
陳性善 有傳
以上三十年 丁丑陳郯榜

府志有兩馬 文炯一任三
李欽
教諭府志大 理少卿
呂升 有傳
王景彰 教諭
滕善 訓導
周卿祐 府志作慶祐
駱士廉

繆南璇 府學
馮浩民 府學
陳文可
縣丞以上三 十五年
馬俊 府學
縣丞
璩志道
以上二十六年
錢倫 府學
王道 府學
以上二十七年
平珍 府學

胡春 學錄
王誼 有傳
王永言 教諭
朱孟麟 秘閣校書
錢遜
趙圭玉 兵部右侍郎 附趙璥傳據府志補

余丙 以上二十三年庚午科
劉仕謨
呂尹旻
陳性善 府志在三年
璩志道 應天中式以上二十九年丙子科

知事
王吉 以上二十八年
蔣源 府學
張齡 同知以上二十九年
金鎬 府學
潘逵 以上三十年

建文

潘道
郭淵 府學

年己卯

外省中式元年己卯科據府志補

王理 教授以上元年

張煥 府學知縣

魏勝安 以上二年

金安 府學同知

陳蒙 以上三年

張秉逵 府學府志作秉達

永樂王叔珩元年癸未知縣

王叔燧伯府教諭

徐顒浩伯辰子脣事府錄事

毛肇宗有傳

錢常

周玉

章敞禮部侍郎據府志屬會稽舉人屬山陰以上二年甲申曾棨榜

吳中有傳四年丙戌林環榜

徐信

錢常

毛肇宗

王彰

司馬符教諭

周玉

王肇慶

章敞據府志補

余延輔

濮名布政以上四年

蔣孔亭府學

王友慶以上元年

施安府學

尹勝府學

周然府學以上二年

徐穆府學三年

宋彌堅府學

長史

王祐 工部侍郎

周安 庶吉士工部侍郎以上十三年乙未陳循榜

秦初 有傳

王暹 有傳

以上十六年戊戌李騏榜

曹南

御史十九年辛丑曾鶴齡榜

據府志補以上元年癸未科案是科當以壬午鄉試值成祖登極未暇舉行故以癸未鄉試以甲申會試

高清 府志作維清

吳中

王賢

戴昱 經歷

邢純

湯雲

應伯祥

以上四年

盧鈍 府學

陳恕

以上五年

金晟 府學

沈肅

以上六年

趙曾 府學

楊銘

以上七年

潘綸 府學

龔全安有傳

二十二年甲辰邢寬榜

杜文華

以上三年乙酉科府志高清杜文華在六年

陶菊有傳

王善慶

以上六年戊子科

金鏞

秦初

周安

以上九年辛卯科

王暹

王佑

張謹

以上八年

陳愷府學

朱文淵有傳

以上九年

虞怡府學

十年

趙煥府學

十一年

趙孝廉府學

十二年

石譽府學

徐信
賀源
訓導以上十
二年甲午科
韓陽有傳
方瑛
教授
朱純有傳
任佐
教諭據府志
補
張旻
教諭據府志
補以上十五
年丁酉科

十三年
吳昉府學
推官
余亢
府志姓俞以
上十五年
王貢深府學
縣丞十六年
劉蘭府學
同知十七年
陳讓府學
呂參
同知以上十
九年

陳政
曹南
葛名
毛寧
以上十八年
庚子科
虞振
教諭
呂公愿
國子助教
郭傑
教諭
龔全安

王淵府學
治中二十年
王俊府學
知縣二十一年
胡增府學
秦端
以上二十二年
周勝吉府學
二十三年
趙瓚
據府志補年分無考

宣德　高師顒
元年丙午　高遂
高尚碣

蘭溪籍以上三十一年癸卯科
陸綸　孫讓府學
馮獻　元年
提學僉事府志外省中式　韓養性府學
陸琛　州判
據府志補以上元年丙午科　施廷璋
以上二年
梁[illegible]　賀徽府學
高要教諭四年己酉科　三年
胡淵　葛賢府學
教授七年壬子科　四年

山陰縣志 卷十

蔡康 訓導
秦瑛
趙鯨 有傳
以上十年乙卯科

劉賓 府學
任高 推官以上五年
周倫 府學 同知
曾泰 訓導以上六年
吳俊 府學 八年
范璇 府學 九年
鄭愷 府學

主簿

王道　訓導以上十年

正統元年丙辰

徐光大　有傳　以遺逸薦由學官擢國子丞終楚府左長史

秦瑛　檢討　元年丙辰周旋榜

高闓　有傳　十年乙丑商輅榜

盛儒

謝傑　訓導

吳騆　州學正

沈日祺　有傳　以上六年辛酉科

張倬　有傳

何璧

楊全　二年

葉蒙亨　府學　縣丞三年

倪侃　四年

蔣訓　府學　五年

徐綬　府學

紀善

周鈍

司馬恂 有傳

高閶 山東中式舊志閶訛燗以上九年甲子科

唐彬 十二年丁卯科

通判

趙師祖 以上六年

唐振 府學

七年

李朴 八年

王理 府學

知縣

祝濟 以上十年

徐虔 府學

景泰趙鼎 元年庚午教諭府志作郎中 孫

馬昇 教諭府志作布政 陞

吳纐

唐彬 有傳

金澤 御史以上五年甲戌孫賢榜

吳纐

司馬軫 國子助教

楊德 教諭

張傑 訓導

王昇

朱臻 以上十二年

趙瓚 十四年

王恭 府學

金簡 以上元年

胡溥 府學 二年

沈澤 四年

俞英

卜巽　五年

王昉　胡暹

教諭　六年

錢仲瓛　滕霄府學

訓導　七年

戴讓

教諭

陳定有傳

婁考

據府志補以上元年庚午科

張以宏

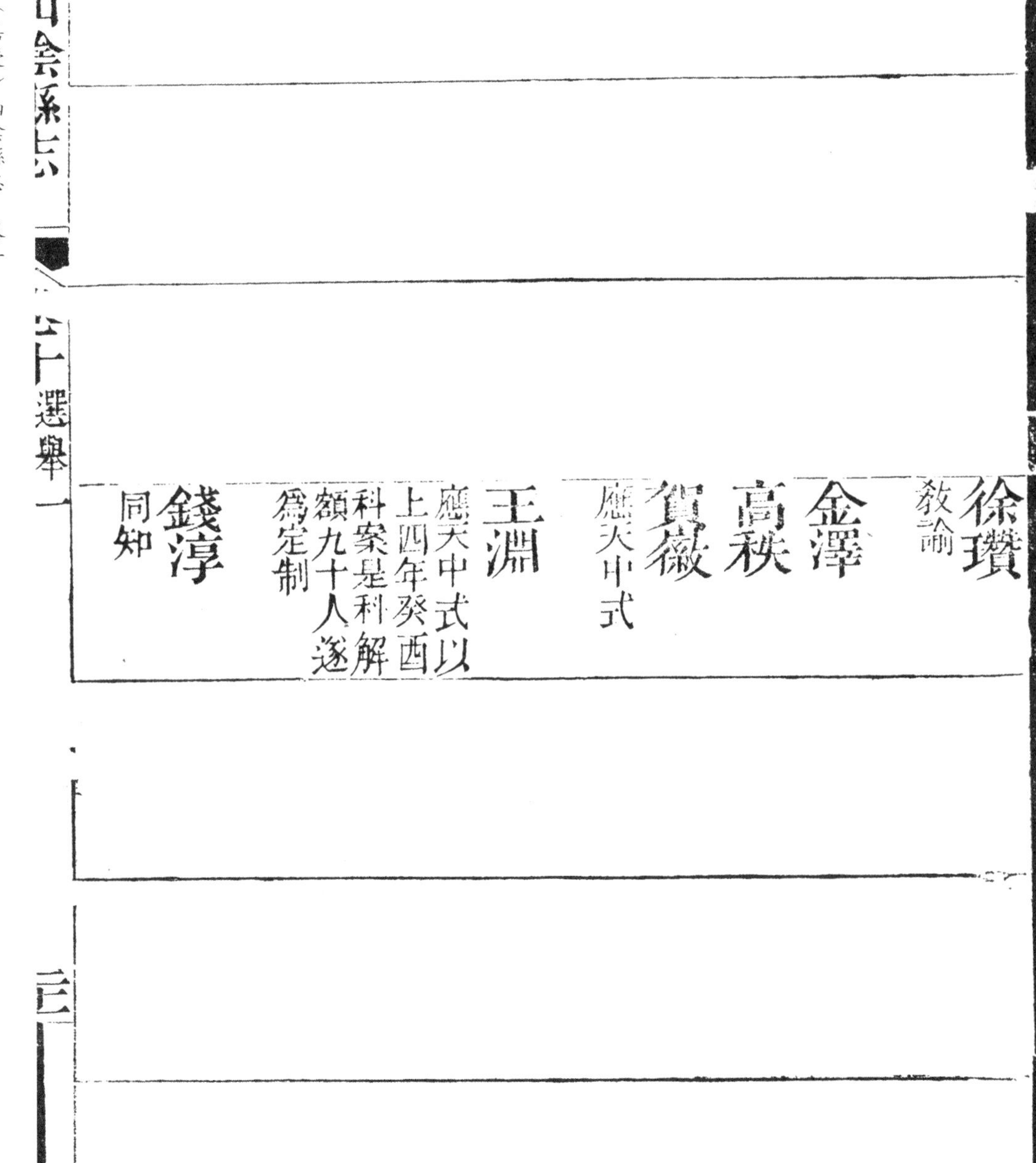

徐瓚 教諭

金澤

高秩

賀徽 應天中式

王淵 應天中式以上四年癸酉科案是科解額九十人遂爲定制

錢淳 同知

王緬 知縣

楊芸

戴譓 讓弟知縣

周芳 有傳

邵宏 教諭

俞諭 教諭府志知縣

陳壯 順天中式以上七年丙子

科

天順胡廷倫元年丁丑紀善

王淵有傳元年丁丑黎淳榜
姚恪知縣
滕霄御史
薛綱
婁芳御史碑錄僉稽人以上四年庚辰王一夔榜
錢鍔
汪鎡庶吉士郎中
鄭璇訓導
陳壯有傳
汪鎡
薛綱有傳
駱巽教諭
滕霄應天中式

祁福有傳府學府志僉稽人元年
趙璋府學教諭五年
王恭府學
秦鉞府學
朱宗岳府學絢子
宋彩府學
尹溥府學
陳綬府學

袁晟　御史以上八年甲申彭教榜案癸未科因會場失火奏請移試於八月而以是年甲申三月廷試

徐正　教諭據府志補以上三年己卯科

孫能　教諭

馬達　訓導

袁晟

楊昱　知縣府志會稽人

司馬垚　恂之子郎中

蔣敬　府學

朱士學　有傳

府學

趙誨　府學

王暉　府學

教諭

諸雷　府學

訓導

金本仁

楊全

蔣鑾

教諭

蕭旦有傳
府志蕭山人

徐綬
應天中式通判以上六年壬午科

沈澤

馮節

張能

張律

吳瑛
以上六年案是年令廪增生員年四十五歲以上者俱貢

駱傑府學

周章
以上八年

沈煜

訓導
周時中
以上據府志
補年分無攷
成化徐鑰
張以宏有傳
魯誠
壽瑞府學
元年乙酉光大子訓導五年己丑張
凌玉璣
元年
二十年
昇榜
知縣
陳哲
劉濟府學
知府
沈倫
趙瓚
璋之弟知縣
司馬垔有傳
呂銑
以上二年
以上八年壬
知縣府志作
王銑府學
辰吳寬榜
詵
三年
魯誠
陳倫有傳
郎中
以上元年乙
俞英
酉科
四年
堵昇
陳哲

參議 凌寀 御史	陳穀 有傳	沈振 有傳 以上十一年 乙未謝遷榜	白瑾 知縣	王鑑之 有傳	祁司員 知府附祁福 傳以上十四 年戊戌曾彥 榜	
俞玹 知縣	孫巖 同知	堵昇 順天中式	俞瑛 應天中式以 十四年戊子	科	彰子 司馬垔	王鑑之
嵇偉 六年	潘淳 府學 七年	張灝 府學 九年	章頎 府學 同知十年	韓顯 府學 十一年	周眞 府學	葉瑄

陳邦榮未廷試告歸　十七年辛丑王華榜

祁仁有傳　二十年甲辰李旻榜

陳邦弼

祝瀚有傳

張景琦知府以上二十三年丁未費宏榜

陳穀府志作轂

沈振

張以蒙以宏弟知縣

淩寀

彭融知縣以上七年辛卯科

周廷瑞有傳

虞煥知縣府志作渙

王臚

教諭以上十四年

金廣府學　十五年

盧瀚府學　府志姓虞

毛瑄

主簿以上十六年

高勤府學　十七年

張珣府學

馮克溫教諭以上十八年

白瑾

王佐

祝玠知縣府志知州以上十年甲午科

劉湜知縣

陳邦直定之子同知

王宗積知縣

陳邦榮

朱綎府學訓導十九年

劉寧府學

陳頤教諭以上二十年

趙昉府學二十一年

陳韶府學訓導

陳嵩訓導

祝輔

定之子

林華 知縣

祁司員 福之子

金瑞 知縣以上十三年丁酉科

傅瓚

鄭如意 知府

諸敞 長史

訓導以上二十二年

郭璲 府學 二十三年

郭宗玉 訓導據府志補年分無攷

祝瀚

邱彩
訓導

徐鎡
同知

張景明

費愚

林舜臣
華之弟教諭

章頎
應天中式同知以上十六年庚子科

祁仁

徐一夔

張景琦 以宏子

劉濟 順天中式以上十九年癸卯科

陳邦弼 定之子

胡儀

沈瀾

俞頫

宏治
元年戊申

胡儀
張景明
長史贈太子少保禮部尚書兼大學士謚恭禧
王經

張玗
都察院司務
吳蘇
王經
周時中
順天中式同知以上二十二年丙午科
徐璁
鎡之兄同知府志作鏓通志西安人
金謐
有傳
何詔

王佃
府志作鈿蜀府教授元年
吳衿
三年
吳廷璟
府學

副使府志按察使以上三年庚戌錢福榜

汪獲麟

吳彝有傳碑錄作彛

李瑾廣東僉事碑錄交州衛籍舉人科分無攷

高臺郎中附高閭傳以上六年癸丑毛澄榜

何詔有傳

吳便

楊清長史

沈俅知縣

朱導有傳

宋溥知縣通志青田人以上二年巳酉科

高臺

朱憲同知

訓導四年

胡儉府學訓導

毛榮以上五年

陸魁府學伴讀

俞瓚訓導以上七年

周夔府學教諭

劉鏞

賀愚有傳
以上九年丙辰朱希周榜
張景暘御史改知府附張景明傳
十二年己未倫文敘榜
吳便副使
周禎有傳
沈欽僉事
高壇知府以上十五年壬戌康

司馬公銍訓導
吳昊府志作杲
田惟立知州
徐寬運同
汪獲麟順天中式以上五年壬子科
周禎

勞臣訓導以上九年案是年奏准本年起至十三年每年貢一人
錢纓府學訓導
田宣府學訓導
張盱訓導府志作昕以上十一年

海榜

沈欽　張以震府學教諭

徐黼州同　朱鏶以上十二年

劉瀚通判以上八年乙卯科　顔悅府學訓導

周祊禎之弟　韓洪卿紀善以上十三年

高文炯知縣　劉祺府學教諭府志作騏

高壇　溤眞訓導以上十四年

劉棟

朱秩

知縣

張鴻　通判

張景暘　景明弟以上十一年戊午科

毛鳳　紹興衛籍通志臨海人

龐龍　通判紹興衛籍

魏杲　通判

秦世濟　府學　推官

洪倫　通判以上十六年

徐軒　府學

十七年

王愈　府學

十八年

陶天祐 通判以上十四年辛酉科
蕭鳴鳳 昱之子解元
言震 同知
郁采
周晟
傅南喬
胡文靜
姚濤
胡克忠

姚鵬
馬録 河南中式以上十七年甲子科

正德
元年丙寅

胡克忠 知縣
周祊 刑部郎中
胡文靜 有傳
毛鳳 御史
馬録

張宣 倬之孫解元
蔡宗兗 同知
朱節
王袍
王師程
王軾
毛嵩

錢倬
王騏 教諭以上元年
吳鉞 府學 顯之子教諭二年
趙意 訓導四年
駱軒 府學

御史
郁采有傳
姚鵬有傳
碑錄會稽人
以上三年戊辰呂柟榜
劉棟有傳
六年辛未楊慎榜
朱節有傳
王袍
知府
姚世儒
知府

以上三年丁卯科
李萱
紹興衛籍
錢洺
知縣
沈澧
欽之子
陳禹卿
邦直子同知
以上五年庚午科
朱篪
導之子

訓之子主簿
錢曙
訓導以上六年
陶文奎府學
菊之孫教諭七年
沈慎德府學
訓導
莫震
訓導以上八年
高悰府學
閏之子九年
陳璟府學

蕭鳴鳳有傳
張思聰參政
王軾知縣府志知府以上九年
甲戌唐皋榜
汪應軫有傳
傅南喬同知碑錄山陰籍上虞人
蔡宗兗有傳
何鰲刑部尚書附何詔傳以上

鄭家吉知州
陳廷華推官
周大經通判
毛一言紹興衛籍臨海人
姚世儒
張思聰應符孫
何鰲

唐偉以上十年
汪穀府學訓導十一年
祝深十二年
張汶府學府志作張紋
徐濤經歷
施正以上十四年

十二年丁丑詔之子
舒芬榜
周祚有傳
鄭騶碑錄作驪江
山人
徐俊民
僉事
周文熯
刑部郎中
田麟
知府府志僉
事以上十六
年辛巳楊維
聰榜案庚辰
會試時車駕
南幸明年辛

沈馴
瀾之子知縣
以上八年癸
酉科
朱篚
篪之兄
汪應軫
鏊之孫
周文燭
徐俊民
鄭騶
周祚

胡易府學
教授
陳玠府學
轂之子
薛笛
周府教授以
上十五年
周曉府學
教諭十六年
王瓖府學
據府志補年
分無攷

巳世宗登極初之弟順天五月十五日中式
廷試

周沐
順天中式

聞人銓有傳
府志餘姚人據通志補以上十一年丙子科

周汶熿
汶燭兄榜姓何

錢一溥
通判

吳彥
便之子

田麟

陳倈

通判

王鐖

經之子

朱鐙

刑部郎中

張雲瀚

順天中式

陳璟

應天中式府志在十一年

以上十四年己卯科

嘉靖
元年壬午

潘壯 有傳
沈澧 御史府志參
議
吳彥 廣東僉事以
上二年癸未
姚淶榜
周文燭 國子監祭酒
錢楩 郎中
金椿 有傳
毛一言

潘壯
張天衢 有傳 漢陽同知
張元冲 景琦子
周禪 祚之弟順天
解元以上元
年壬午科
錢楩 解元
茅宰
胡義方

趙僎 府學
余憲 府學 訓導
陳文 訓導以上元
年
杜昇 府學 知縣三江所
籍
張遠 訓導以上二
年
金桃 府學 訓導
諸偉

彭應時 有傳
陳大綸 紹興衛前所
副千戶歷陞
都指揮僉事
以上乙酉科
庚戌科據府
志補
張輪 紹興衛三江
所小旗歷陞
把總癸丑科
據府志補
吳大武 直隸吳縣籍
授所鎮撫
孟子文 紹興衛三江
所軍生授所

徐定 千戶
彭應時
胡鎮 指揮同知辛
卯科
胡鎮 再中式
王直 以上甲午科
胡鎮 三中式

僉事
周禪 操江都御史
朱簠 副使
朱麃 御史
包珊 行人
聞人銓 全有傳 府志餘姚人雲南中式據教諭
據碑錄補以府志補以上
上五年丙戌四年乙酉科
襲用鄉榜

同知府志作訓導府志作鎮撫案舊志
方義
張洽
陳彷
陳藥 長史
陳修
金椿
包珊 順天中式
周職遷

禕以上三年武舉孟文子
馮貴 訓導
孫瑞芳 拔貢同知以上四年
吳鑾 府學
杜鳳詔 府學 碑姓林府志作鳳韶以上五年
陸文通 府學
丁文恮

郎孟子文之指揮僉事陞
訛以上壬戌守備
科據府志補

成勳
李瓛 指揮僉事
張元直 以上丁酉科
胡鎮 四中式
陳絲 百戶
陸瑞
張哲

茅宰有傳　八年己丑羅洪先榜
王畿有傳
陳修副使府志御史以上十一年壬辰林大欽榜
周浩苑馬卿府志苑馬寺丞
張輻副使
徐緝參議

徐轂知縣府志作轂
周宗文仙游知縣
徐緯
王元春
金志府志諡之子
沈夢鯉芳之子
徐緝
魏夢賢

訓導以上七年府志丁文怪府學在六年
駱居敬八年
淩世華府學九年
周晉府學改名景會貢元十年
陶雲漢府學莿會孫瀫州同知府志會稽人
劉本府學

再中式
童忱
張輪以上癸卯科
胡鎮五中式
陸瑞再中式
戴浚霄
葉司衡
張輪再中式

沈夢鯉郎中以上十四年乙未韓應龍榜
蔣懷德參政
張元冲有傳
王國楨有傳通志無
金志有傳
徐緯僉事
魏夢賢

虞价同知以上七年戊子科
高警同知
周浩舫之子
朱公節有傳
蔣懷德
沈學
駱居敬有傳
以上十年辛卯科
張輻

棟之弟
張牧以上十一年
張檄府學
田龍府學
朱函
訓導以上十二年
呂金府學
周相
州判以上十三年
胡方禮
十四年

童忱再中式以上丙午科
黄榜指揮使陞坐營都司
胡鎮六中式
成大器指揮僉事歷陞參將
張輪三中式
陳大綸百戶

郎中
陳鵠　府志會稽人案舉人表補　以上十七年戊戌茅瓚榜
張洽　御史府志僉事碑錄仁和人
張牧　郎中府志同知
徐綱　據府志屬會稽舉人屬山陰以上二十年辛丑沈坤

諸祖　官知縣
王治　通判
劉集　推官
陳鵠
諸大綱　紹興衛籍府志會稽人
據府志補以上廿三年甲午科
劉櫝

王舜章　府學　十五年
任大章　教授　十六年
沈芳　府學
金梓　府學　以上十七年
陶陽鳳　府學　雲漢兄訓導　十八年
沈渾
王言　以上十九年

葉司衡　再中式以上已酉科
楊一經　千戶歷陞參將
張輪　四中式
程權
孟文子
沈應辰　以上壬子科
楊一經　再中式

榜
劉櫝
山東兵備副
使二十三年
甲辰秦鳴雷
榜
羅椿
知府
祁清有傳
張天復有傳
吳俊
郎中以上二
十六年丁未
李芳春榜
王元春

王國楨有傳
沈大本
知縣
李誥
虞俊
治中
王守文
華之子順天
中式通判
張牧
河南中式
王朴
據府志補

張津府學
二十年府志
在十九年
孫瑛
二十一年
朱安道
府志姓沈二
十二年
汪賓府學
府志在二十
四年
徐夢熊
教諭以上三
十三年
薛立府學
祁鋼

吳京
百戶歷陞參
將
王世臣
張訓
葉可衡
三中式
吳緒
吳岐
吳育
胡崇吉
葉義
沈應辰

參政府志陝西按察使
高鶴給事中
趙理僉事碑錄會稽籍以上二十九年庚戌唐汝楫榜
俞意有傳
趙圭員外郎
孫大學知州復姓王
以上三十二年癸丑陳謹榜

沈恩順天中式據府志補
徐綱應天中式據府志補以上十六年丁酉科
祁清司員孫
俞諮益
趙理
胡方來順天中式同知
張椿

以上三十四年
沈安仁府學訓導二十五年府志在二十六年
徐恩有傳
王景明以上二十六年
劉世績府學二十七年
徐夢麒府學夢熊弟訓導二十八年
馬文顯府學

再中式
王儆以上乙卯科
楊一經三中式
董琦百戶
葉保衡
程法
王儆再中式
吳岐

諸大綬有傳山東中式僉事以上十九年庚子科
祝繼志江西僉事
沈寅按察使
鄭舜臣知府附鄭遂傳山陰籍上虞人據碑錄補以上三十五年丙辰諸大綬榜
王元敬有傳
吳兌有傳
俞咨益有傳順天中式蕭縣知縣

諸大綬
俞意
周校知州
張天復天衢弟
宋楷推官
周景會

周景恤府志作景恆以上二十九年
錢景春三十一年
王艮知府學教授三十二年府志在三十三年
朱安邦府學
韓宗以上三十三年
駱雷府學

吳大章再中式
吳大濟
賞俊
王化以上戊午科
葉逢春
韓沛
葉持衡
吳紳緒之弟
孟文子

郁言　知縣

呂鳴珂　按察使以上三十八年己未丁士美榜

王夔　知府四十一年壬戌申時行榜

胡邦奇　有傳

祝敎　禮部郎中

張博

徐甫宰　有傳

朱家道　順天中式

張檄　山東中式以

上二十二年

癸卯科

高鶴　解元

陶秀　有傳

李應元

羅椿

吳俊

三十四年

周大庠　府學　府志作大祥

滕謙　以上三十五

年

王舜明　三十九年

周鎡　副貢四十年據家乘補

金燧　四十一年

周文燿

再中式

張一鶴　改名虎臣

葉義　再中式

吳俊

吳大章　再中式

賞俊　再中式

吳學　直隸中式

長史碑錄會稽人

高克謙有府志在二十傳八年

以上四十四年乙丑范應期榜

高克謙

鄭舜臣山陰籍上虞入據府志補

以上二十五年丙午科

孫大學府志在二十五年

王元敬元椿弟

繆思華通判以上二十八年己酉科

四十三年

朱第府學

張惟聰府學

許智府學

柯文訓導

吳曄遼陽衛籍教授

陳鳳喈以上六人年分無攷據府志補

吳大武直隸中式以上辛酉科

白材

葉逢春再中式

孫嵩

韓沛再中式

曹大普

葉持衡再中式

李銳

錢文昇　大理寺司務
趙圭
張鰲化　紹興衛籍
沈寅　順天中式以上三十一年壬子科
祝繼志
王燮
郁言
錢捧盈

葉保衡　再中式
程大業
吳紳　再中式
韓梯
周子英
吳學　再中式
吳養恒
沈應辰　三中式

同知

蔡天中 宗兖子改名成中

呂鳴珂 通志麗水人順天中式

趙夢鳳 應天中式以上三十四年乙卯科

祝教

朱南維

張元忭 天復子

王章 以上甲子科

沈校 知縣

俞子良 有傳順天中式知縣

吳兌 蕣之孫順天中式以上三十七年戊午科

周明衛 通判

宋景星

陸夢斗 通判

朱賡　公節子

宋良木　知縣

張一坤　元冲子

胡邦奇

徐思明　甫業子順天中式以上四十年辛酉科

朱悌　推官

隆慶

朱南雍有傳

孫長學

王岷山府學

吳纘忠

陳上表

徐應箕禮部司務

朱南英南雍弟

趙完順天中式知州

張博洽之子順天中式

何繼高詔之孫順天中式以上四十三年甲子科

元年丁卯

朱賡有傳
黃猷吉有傳
以上二年戊辰羅萬化榜
張元忭有傳
趙楫
參議府志巡撫
周應中有傳
府志會稽人
以上五年辛未張元忭榜

劉國彥
傅國才
三江所籍推官
楊萬春
杭州籍知縣
王泮
順天中式
胡尚禮
順天中式知州
劉烶
順天中式知州
茹霆

郁文
言之兄以上元年
李尚賓府學辰科
訓導府志作尚賢
朱應
麟之兄貢元以上二年
朱緝府學
知縣
倪來鵬
縣丞以上三年
章湘府學
陳欽

參將
宣汝元
都司以上戊
韓沛
三江所武生
參將辛未科

綵之子
韓沛
三中式
吳紳
再中式
葉忠
保衡弟
傅欽
韓范
沛之兄
韓沛
再中式

順天中式

王照 順天中式知縣

祁洛東 濤之子應天中式同知

黄獻吉 山東中式以上元年丁卯科

黄齊賢

陳大賢 有傳

諸葛一鳴

董子行

王滋 訓導以上四年

劉枏 府學訓導

史鵠 以上五年

吳一忠

張虞臣 再中式

吳晉 再中式

吳顯忠

趙經邦

吳學 三中式

吳憲文

周邦慶

范朝恩

府志嵊人紹興衛籍

周應中　順天中式

趙堂　順天中式司務

趙楫　順天中式

馬捷　府志會稽人

陳縉　知縣府志知州餘姚人

施俸

百戶歷陞游擊江西中式以上丁卯科

陳上策　綵之子百戶

徐九齡　定之孫千戶

張應奇　千戶

曹大晉　再中式

葉保衡　三中式

府志餘姚八以上四年庚午科

葉忠再中式

羅綺

張應第應奇弟

葉同春

程萬里

吳一忠武元再中式

虞勝宗

吳晉三中式

潘德風

葉持衡　廣西中式

吳憲文　江西中式

吳致忠　江西中式

吳進　江西中式以上庚午科

萬歷元年癸酉

朱應　主事

王泮　有傳

馮應鳳

祝彥　有傳

姚艮

祝延年　府學訓導

潘士化

吳允忠　官籍雲南都司歷陞參將府志游擊甲戌科

陳應斗　綵之子

張應試

張一坤布政以上二年甲戌孫繼皐榜
朱南英太僕卿
郁文郎中
趙夢日知縣碑錄會稽籍
馮景隆有傳
曾錦有傳
鄭一麟

諸葛初
趙璧
陳烇
朱應公節子順天中式
張元慶有傳天衢子知州
郁文言之兄順天中式
張宏吉應天中式
黃化龍

訓導
孫大行拔貢據府志補以上元年
王鏊府學
宋林知縣以上三年
劉煬府學
三年案是年奏准歲貢生員年六十以下攷優者充貢三十一年立皇太子恩詔府貢二人州縣貢一人府志云中有佚屢訪之不

吳紳三江所參將
黃岡紹興衛指揮使歷陞參將
府志守備
孫嵩授所鎮撫
吳學把總以上丁丑科
茅國器有傳
吳揚忠以上已丑科
據府志補

應奇兄臨山領兵把總
傅國教
李天常
王有功
茅國器
張虎臣三中式
賞俊三中式
吳允中雲南中式以上癸酉科
黃岡

山陰籍上虞入據碑錄補以上五年丁丑沈懋學榜
黃齊賢 副使
馮應鳳 有傳
徐桓 副使碑錄會稽籍
錢櫃 按察使會稽籍據府志補
以上八年庚辰張懋修榜
何繼高 有傳
孫知法 有傳

據府志屬會稽進士屬山陰以上元年癸酉科
馮景隆
朱坤
魯錦
孫知法
鑨之子順天中式府志餘姚人
徐桓 據府志補
錢正志
文昇子通志仁和人據府

得
孫一仁 知縣二十五年拔貢據府志補
夏櫃
州判四十四年
許承祖 知縣四十六年
俞光明 四十七年
周之德 拔貢知縣

李銳 都司乙未科據傳補
何斌臣 都督辛丑科據府志補
陳抱忠
汝元弟都司丁未科
陳藩屏 抱忠弟副將
吳用宣 學之子都司京衛籍據府志補以上庚戌科
祝允元

榜之子
白材 再中式
陳應斗 再中式
張應奇 再中式
孫佐良
韓范 再中式
韓文煥
孫嵩

以上十一年志補
癸未朱國祚榜
陳鶴有傳
陳燦有傳
劉毅有傳
以上十七年
己丑焦竑榜
朱燮元有傳
陳美
布政司左參議
王應吉
吏部員外郎
錄嵊人
朱敬循

張汝翼
通志仁和人
據府志補
趙夢日
順天中式據以上年分無副總兵都督
府志補以上歿
四年丙子科
王應吉
畿之子順天
中式
陳學明
杭州籍推官
錢櫝
會稽籍據府
志補以上七

夏文祖
周允
劉至
史明良
韓陸倫府學科
沈元科府學
徐思變府學
王詢府學
施夢麒府學
州判
吳堯臣

都司據府志再中式
補
吳震
守備據府志再中式
補
周洪印
僉事據家乘
補以上癸丑
吳從哲
山東籍參將
吳襄琦
山東籍守備
以上丙辰科
據府志補
孫志學

王有功
董鉞
陳思勤
臧國光
茹秉忠
錢贊化
吳志忠
湖廣中式
吳俊
湖廣中式

通政使附朱
賡傳以上二
十年壬辰翁
正春榜
朱瑞鳳
知府
張汝霖
元忭子
王循學
知縣附王國
楨傳
尹三聘
主事
黃化龍
知縣碑錄餘
姚人

年丁卯科
劉偼
燧之子
柳宗栻
有文之孫通志
傳作遂仁
胡大臣
通判
金鰲
陳堯言
陳鵠
周允
順天中式以
上十年壬午

吳明紀
吳尚文
延慶籍
陳軻
教諭以上九
人據府志補
年分無攷
周洪圖
恩貢通判
周懋龍
歲貢知縣以
上二人據家
乘補年分無
攷

都司僉書府
志都司
吳璉
游擊錦衣舍
人
吳泰徵有
傳
守備錦衣舍
人據府志補
吳大試
守備據府志
補以上巳未
科

吳敎
據家乘補以
上丙子科
徐九齡
再中式
陳上表
再中式
劉巨安
指揮僉事陞
守備
王承祚
百戶
劉熙
王有功

王思任有傳

科

以上二十三年乙未朱之蕃榜

陳美

朱燮元麗會孫

陸夢祖有傳

王建中知縣

施栻知縣

金應鳳有傳碑錄會稽人

陳國紀

周洪訓推官

董紹舒府志作舒紹

尹三聘

張履正知府碑錄江陰籍無錫人

劉毅

王邦彥

三中式

李景隆

孫可教

葉有蔭逢春子

張汀

孟良弼文子子

金臺

李天常再中式

王有大

據府志補舉鑑會孫順天
八科分無攷中式
以上二十六年戊戌張秉忠榜

劉宗周有傳會稽籍

姚會嘉湖廣道御史會稽籍

錢象坤有傳會稽籍以上二十九年辛丑張以誠榜據碑錄補

章若昌榜姓彭刑部主事

周職遷府志作祖遷龍門籍順天中式靖江知縣

徐良輔順天中式

王建中大學生應天中式

陳良弼順天中式據府志補以上十三年乙酉科

王調元

吳中起

李桂

臧國光再中式

俞國輔

金盛時

于溥北京中式

王應斌福建中式都司

王拱辰江西中式

祁承爜　吳中璜
僉事府志江知縣
西參政以上
三十二年甲
辰楊守勤榜　王嘉慶
陸夢龍有傳　據府志補
碑錄會稽人
三十八年庚　陳善遵
戌韓敬榜　據府志補以
上十六年戊
子科
董懋中
圮之孫尚寶
卿碑錄會稽
人　祁承㸌
陳一勸
張汝懋有傳　周洪謨
元忭子　府志作洪範
孫如洵有傳　夏浚

吳敎
遼東中式以
上巳卯科
王承祚
再中式
陶明宰
張應試
再中式
李銳
再中式
葉有葵
再中式
李桂

王業浩有傳
碑錄山陰籍
餘姚人

繆伯昇有傳

董懋中
據府志屬會
稽進士屬山
陰

孫杰
工部尚書

姜逢元
宮保禮部尚
書山陰籍餘
姚人據碑錄
補舉人科分
無攷以上四
十一年癸丑
周延儒榜

朱敬循
賡之子順天
中式

王循學
順天中式以
上十九年辛
卯科

陳爾翼
吏科都給事

朱瑞鳳

金應鳳

劉永基有傳

朱鶴齡

再中式案已
卯科作李桂

趙一元

徐應兆

解元紀
直隸中式

方日新
福建中式

吳敎
再中式據家
乘補以上壬
午科

周於德
衛鎮撫

周洪謨有傳　梁應期
吳從魯有傳　王思任
以上四十四順天中式
年丙辰錢士
升榜　陸夢祖
丁乾學有傳　順天中式
朱啟英　陳淙
碑錄作樊時順天中式
英錢塘籍據
府志補舉人
科分無攷　張汝霖
馬惟陛　元忭子應天
中式
府志會稽人　姚會嘉
據傳補以上
四十七年己　會稽籍據府
未莊際昌榜　志補以上二
十二年甲午
科

張應奇
三中式
曹復心
葉得春
陶明宰有傳
孫中敎
再中式簽邑
邪科作可敎
韓輔國
范之子
任希旦
吳揚忠
臧國元

陳嶙

董紹舒　貴州中式

陳汝元　順天中式同知

沈綰　有傳

錢象坤　據府志補

葉起元　據府志補

陸元經　據府志補

三中式

錢贊化　再中式

李天常　有傳

吳中起　直隸中式

吳國光　宣府中式

吳宗道　遼東中式

吳敎　有傳　據家乘補以上乙酉科

俞光賓　據府志補

劉宗周　據府志補以上二十五年丁酉科

劉永基　通志作劉岑

彭若昌　省志無

高金體　通志臨安人

蔣應偉

傅崇義　甲午科

吳景桂　遼東中式丁酉科據家乘補

吳景桂　遼東再中式庚子科據家乘補

吳景桂　有傳　癸卯科據家乘補

陳藩屏

陳抱忠

祁承爃 順天中式

謝堯壽 順天中式

章在昌 據府志補

胡襄明 山東中式據府志補以上十八年庚子科

陸夢龍

陳殷

裘允中

以上丙午科

俞鎮遠

李國禎

吳泰亨

杜肇勳 有傳

都司

陳長祚

張炳先

李廷琦

陶之紀

王威遠

茅應泰

周洪才 順天中式知縣

王加礽 應天中式

王開陽 應天中式府志郎加礽改名

張汝懋 元忭子應天中式

錢汝澤 據府志補以上三十一年癸卯科

以上己酉科

周懋建 據呈報補

吳用宜 順天中式據家乘補

吳從明 順天中式據家乘補以上乙卯科

周懋建 再中式據呈報補

吳用宜 順天再中式據家乘補

王業浩

謝宗份

陳巽言

丁承乾 通志作乾學順天中式以上三十七年巳酉科

王仕正 府志作士正

傅應鳳 知縣

孫杰 錢塘籍通志錢塘人

吳從明 順天再中式據家乘補以上戊午科

吳用宜 有傳 辛酉科據家乘補

邢大忠

高金緘　臨安籍

王汝燮　通志作承訓　順天中式

王毓仁　順天中式

孫如洵　順天中式府志餘姚人

許邦治　應天中式

胡敬辰

府志餘姚人

案進士表補以上四十年壬子科

胡叔煬　推官府志作叔陽

朱兆柏　府志作兆伯

張應爵　通志姓章知縣

李安世　府志餘姚人

吳之芳　順天中式

吳士傑
順天中式教諭府志知縣

劉暹
順天中式

祝嵩齡
順天中式

黄憲沖
應天中式知縣府志餘姚人

陳爾翼
應天中式

吳從魯有傳

山東中式

祁上合 臨安籍雲南中式

龐杰 石阡籍貴州中式以上四十三年乙卯科

祁彪佳 承𤁀子

孫文奎

張明昌 通志錢塘人

丁乾學

順天中式通志無

馬惟陛府志會稽人據傳補以上四十六年戊午科

泰昌

包梗有傳

案是年詔天下府學貢二人縣學貢一人

天啓元年辛酉

祁彪佳有傳

邢大忠有傳

胡敬辰參政

陳殷

周懋穀有傳

朱稷

史起夔教諭府志餘姚人

徐湯英

錢大用知縣

孫毓節拔貢知縣據府志補以上元年案府志是年詔天下附

傅崇義府志作崇儀陝西都司

童朝儀有傳

施存志鎮撫據府志

何國輔有傳

吳從鵬山東中式守備據家乘補以上甲子科

張城

少卿府志太僕卿碑錄仁和人
王銑仁 宣城知縣
王忠陛 都水司主事
陳嶙 碑錄作璘以上三年壬戌文震孟榜
朱兆柏 有傳
張明昌 有傳
錢愛益

府志會稽人
王忠陛 順天中式
白其昌 順天中式
孫范 錢塘籍順天中式知縣
全天德 錢塘籍順天中式知府
趙國柱 應天中式
張焜芳

府貢二人縣貢一人舊志訛
張鎡 有傳
二年
尹懋中
四年
胡叔昌 知縣六年
孫毓賢 副貢七年據府志補
王賓
諸希夔

施王政 鎮守廣東總兵官據府志
附
吳從明 都司僉書據家乘補以上壬戌科

解元
丁寧國
王好賢
吳友仕 順天武元據家乘補以上丁卯科

少詹碑錄仁和籍以上五年乙丑余煌榜

應天中式　寺丞

陳南煋　山東中式

朱廸元

王如琨　選貢

顧儀　據府志屬上虞進士山陰籍仁和八以選貢

祁駿佳

上元年辛酉科

周焯雲　歲貢據家乘補以上六八年分無攷

錢受益

楊璘

周凌雲

宋運昌　仁和籍

余增雍 有傳

周鳳翔 順天中式

劉世科 順天中式

虞九經 順天中式

王彥藻 山西中式據府志補以上四年甲子科

祁彪佳 有傳

余增遠 有傳

朱紱

朱錫元　順天中式

張大烈　錢塘籍順天中式推官

鄭體元　密雲籍順天中式

王谷　大興籍順天中式

茹鰲　順天中式知縣以上七年丁卯科

崇禎

元年戊辰

周鳳翔有傳
張焜芳有傳
宋運昌
龍泉知縣
朱錫元
川南道以上
元年戊辰劉
若宰榜
吳之芳
庶吉士府志
編修
嚴起恒有傳
碑錄眞定籍
舉人科分無
攷

繆伯雲
姚明時
張奚
葉汝檀有傳
府志會稽人
俞世灝
錢克讓
繆沅
杭州錢塘籍
李盛世
順天中式
何宏仁

錢士龍
元年案是年守備
詔府縣廩選
優貢一人
鄭至和
三年
茅台鼎
五年
陶萬象
七年
祝良弼
祁熊佳
選貢以上九年

丁寧國
吳友仕有傳
保定籍都司
據府志補
吳有賓
守備據府志
補以上戊辰
科
吳恒愛
游擊京衛籍
吳從周
參將京衛籍
以上辛未科
據府志補

朱兆霖
參將庚午科
周晟
癸酉科據家
乘補
王震德
王貽杰
陳錫華
劉穆
以上丙子科
周晟
再中式守備
巳卯科據家
乘補

史洪謨　順天中式　王之臣　劉穆有傳　陳王謨
知縣碑錄廣　錢良翰　知縣十一年　王貽杰有傳　何貢仁有傳
東籍六安州
人舉人科分　順天中式　王楫　以上丁丑科以上壬子科
無攷
顧儀　葉汝蘇　副榜准貢知縣十二年　吳維寧
山陰籍工部據府志補以　王萬祚有傳錦衣衛千戶
主事據府志上三年庚午　執金吾副使
補以上四年科　胡若琦有傳　吳孟浩
辛未陳于泰
榜　張光球　周煜芳　以上庚辰科
沈燦晃有傳　朱光熙　賜進士主事　童維超有傳
朱光熙有傳府志會稽人在三年　周懋文府學　吳維新
府志會稽人　王紹美　同知　維寧兄錦衣千戶據府志補以上癸未科
錢良翰　逈志會稽人　季璜
青州知府以　本之孫積分
上七年甲戌　朱子覲　拔貢授同知

劉理順榜　張寄瀛　以上十三年
何宏仁有傳府志餘姚人　繆伯倹
唐九經知縣府志宛平籍會稽人　王佐改名兩謙　十五年
徐日知
田嘉生　沈烽晃　十七年
知縣府志作嘉年　朱光辰　繆伯景府學
繆沅　王含鑑　王元基府學
吏部郎中府志錢塘人　改名三俊　陳九徵
錢朝彥　龔光耀　監貢任內閣中書
句容知縣通志碑記俱作錢塘人以上知縣　王孔祈順天副貢知縣
十年丁丑劉同升榜　董期生知縣府志會稽人以上六
史應選

吳邦臣 御史通志無碑記錦衣籍

祁熊佳 附祁豸佳傳

吳從義 有傳

劉明孝 浦江知縣

王三俊 僉事

王紹美 有傳

以上十三年庚辰魏藻德榜

年癸酉科

陳有隆

田嘉生

魯臬

俞遴生

茹鳴盛 省志無

祁熊佳 順天中式

王三元 順天中式廣西布政以上九年丙子科

國學積分拔貢知府

張陞 國學積分恩貢推官以上年分無攷

劉裁

吳邦奇 順天籍

吳元道 滋陽拔貢

吳士元

吳卿禎 以上五人據府志補年分

朱稷　山陰籍仁和人十五年壬午特賜進士出身據碑錄補

周繼芳　主事府志祁縣人舉人科分無攷

俞璧　有傳府志滋陽人舉人科分無攷

余墳遠　有傳

李安世

劉之龍　據府志補　無攷

鍾國義

金廷詔

吳邦臣　府志御史順天中式

劉明孝

吳從義　府志順天中式

胡應端　知縣府志在九年

張仲義

魯臬　庶吉士

王觀瀛　寶應知縣

金廷詔　有傳　碑錄作廷詔

以上十六年癸未楊廷鑑榜

本姓繆順天中式以上十二年己卯科

葉雷生　知縣

何天寵　順天中式

黃叅齡　順天中式附黃君哲傳

姜圖南　順天中式

何天挺　順天中式

姜希轍有傳

通志餘姚人府志會稽人

王觀瀛

應天中式

陳箴言有傳

府志會稽人

金鎮

順天中式據府志補

周有鳳有傳

據府志補

宋賢

省志無順天中式據府志

補以上十五年壬午科

右選舉表一

山陰縣志卷十

皇清薦辟　進士　舉人　貢生　武進士　武舉

順治二年乙酉

舉人：
葉獻章 主事
王士驥
胡兆龍
徐化龍
章雲鷺
陸華疆 據府志屬會稽進士屬山陰
陸嵩

據府志屬會稽進士屬山陰

三年丙戌

徐化龍 有傳

王士驥 有傳 府志會稽人

胡兆龍 有傳

以上傳以漸榜

龔勳 知縣

張期振

王之鼎 以府志在二年

胡昇猷

姑鄂侯 鼇之子以上三人順天中式

方希賢

王文明 訓導府志教諭在元年

四年
[illegible]亥

胡昇猷有傳
王之鼎有傳
章雲鷺

王[illegible]樓
徐兆行
徐兆畢
葉茂桂以上五人順天中式據府志補
丁同諠據府志屬會稽進士屬山陰

余桓監貢知縣府志作俞恒案是年詔歲貢首名

茹熊
戴天模以上二人據府志補

庶吉士侍郎

丁同益
同知碑錄昌平衞籍府志會稽人

陸華疆
知縣碑錄昌平衞籍在三年

陸高
碑錄宛平籍在三年

徐兆舉
大興籍據府志補

以上呂宫榜

次名並准貢

五年戊子

王慶章　吳王朱
周沛生　監貢
胡鶴翥有傳　李宗有傳
府志餘姚人
茹鉉
繆徵尹
府志杭州籍
張舜章
周禮
知州
黃中璜
知縣以上三人順天中式

吳孟琦
周晟
陳錫華
盛其德
以上三人據府志補

山陰縣志　卷十

陳南耿　山東中式

徐兆慶　順天中式

胡三順　蘄水籍以上二人據府志補

六年己丑

姜圖南　有傳　碑錄大興籍

王慶章　有傳

張舜舉　知縣

張際龍　恩貢知府蕭山籍府志山陰籍

陳錫華

茹羆　探花參將

盛世德　參將

胡三順知縣據府志補
以上劉子壯榜
戴天模游擊據府志補

七年庚寅
吳元遴府學訓導

八年辛卯
陳必成有傳
俞元植
胡公著
陳可畏
胡心尹有傳府志作必尹
陳繼美有傳
秦長春有傳恩貢

九年壬辰

陳可畏府志有傳
府志諸暨人

周沛生
知縣府志在十二年

錢受祺
庶吉士副使
磚錄錢塘人
舉人科分無攷

方希賢
推官

沈皋
改名尚仁以上俱順天中式

錢其恦府學
監貢知縣

周鳳鳴
據府志補

金鋐　布政使碑錄宛平人舉人科分無攷以上鄒忠倚榜

十年癸巳

金宏祐　訓導

十一年甲午

田麒生

姚夔

洸從龍

李平

黃道月

金葭

董良櫝

鍾國斗　府學知縣

周襄緒　歷貢禮部郎中

吳三才

高允焯

陳則都

劉璲

時普賢

以上俱據府志補

期生子通志

石門人府志

會稽人

柴應辰

胡兆麟

沈埜

改名仁敷

孫才發

孫礽有傳

以上六人順天中式

何曾粲

湖廣中式

丁埜

十二年乙未

陳必成有傳 碑錄宛平人
龔勳 碑錄會稽人知縣
史大成榜

周世澤
孫萬程
以上三人順天中式據府志補
黃邵士 據府志補作蕭山

朱禹錫府學 恩貢
俞光被 訓導

高允焯
陳則都
劉璲
吳三才 舊志在十一年據府志改
時曹賢

十四年丁酉

陳景仁
李元坤 附李銳傳
滕達
傅應驥 教諭
黃允哲 有傳
吳璜
胡兆鳳
繆邦寧

宋希賢 府學恩貢

據府志屬會稽舉人屬山陰

葉逢時 湖廣解元
劉炎
李彬
周圻
周鼎
以上四人據府志補

十五年戊

鍾國義

劉昌言

趙遠

趙汝祿

趙溥

以上九人據府志補順天中式

周之麟　據府志屬蕭山進士屬山陰

張際鵬　蕭山籍據蕭山志補

劉炎

戊

府志作國儀武選司主事

董良槙 知縣碑錄會稽人

邵士 知縣府志作黃邵士蕭山人潮州推官蕭山志復姓邵知州

孫承恩榜

狀元總兵

葉逢時

十六年己亥

陳景仁 有傳

李平 有傳

周之麟 有傳 府志蕭山人據家乘補案是年再行會試

王光翰 府學

十七年庚子

徐元文榜

吳復一

傅爾申 有傳

傅宗 府志蕭山人據通志補

陳昌言 通志石門人

胡鑛

胡繼萱

以上三人順天中式

趙以昌 府學

周華

周凱

周選 守備

周一文 守備

丁際昌

董德政

張國勳

張培

吳艮駿

十八年辛丑

滕達 知縣

吳復一 推官府志在康熙三年

周世澤 大興籍據府志補

趙遠

趙汝祿

以上二人碑錄無據府志附

馬世俊榜

繆世梁 府學

曹九霄 府學守備

以下年分無攷

錢以禎 府學 拔貢知縣

吳執中 有傳 御史

王三謙 恩貢

潘潤 選貢知府府志知縣

丁際治 府志作際時

董德政

張國勳 有傳 府志作國熊

張培

吳良駿 副總兵舊志在十五年據府志改

以上八人據府志補

傅臚有傳
恩貢

朱用礪有傳

孫鑣
訓導

王貽謨
監貢州判

何嘉祐有傳
恩貢

陳錫琮

王業法有傳
恩貢

	康熙元年壬寅	二年癸卯
		祝宏坊彥會孫 金熹 王燦業法子府志榜姓姜會稽
劉明宗據府志補 吳邦直據府志補仁和籍	周大受有傳府學 徐斗方	
		高尚智 徐紀 徐天統 謝幼裔 周緒

三年甲辰

茹鉉　知縣

胡鑛　知縣

王燦　有傳　案是科停止八股文以策論表判取士分爲二塲

人

丁際治　順天中式

袁仙芝　據府志附

劉世祝　案是年以後寄籍杭州停貢

周緒

李標

董暹

府志作周濬

董良橚　府志會稽人在五年

章斌　據府志補

五年丙午

嚴我斯榜

孫宣化

朱阜榜姓李

沈允范

柴應遠府志作應宿以上二人順天中式

何鼎湖廣中式知府

趙學易順天中式據府志附

六年丁未

沈允范　有傳　府志范作範

胡懋官　碑錄大興籍　中書附胡懋新傳

孫宣化　知縣

宋嗣京　碑錄仁和舉人科分無考

何天寵　有傳　碑錄宛平人　以上繆彤榜

周洪昇　據府志補

八年己酉

呂廷雲

孫宏啟

沈道儼

新昌分籍

徐琦

魯炯先　臬之子

王兆芳　本姓葉

周盛雅　懋穀孫教授

俞麟翔　府志麟作鱗　諸暨人

余應霖　府志作應森

拔貢知縣案是年復貢

李允寧

茹昌諧

姜壇

謝匡

何天爵

九年庚戌

朱阜有傳

沈尚仁碑錄大興籍

祝宏坊知縣

趙學易碑錄無據府志附案是科

王觀政以上二人順天中式

陳沛祚貴州中式中書府志貴州籍順天中式

錢晁新府學

徐聯登府學

茹昌誥

姜壇

婁廣

葉維新俱據府志補

	十年辛亥	十一年壬子
以後仍復八股 蔡啟傳榜		
		秦宗游 余滙順天中式 王士錦奉天中式 吳濬哲中書掾府志補 朱尚隆 周金然
	諸公亮府學	漏士奇府學 何艮棟 余滙選貢
		范琮 陳金豕府志俱在二十年 郎天祚府志在順治十四年

十二年癸丑

呂廷雲 知縣

朱尚隆 中書府志僉事碑錄李尚隆大興人

余應霖 有傳

張際鵬 蕭山籍據蕭山志補

以上二人順天中式據府志補

魏昌梧 順天中式據府志補

鄭天祚 狀元府志在九年

	十三年甲寅	十四年乙卯	十五年丙
以上韓菼榜			胡忠正
		徐涞 胡忠正 據府志屬蕭山進士屬山陰	
	沈麟趾 府學	沈士龍 拔貢宛平籍黄縣知縣據呈報補	王邦濟 府學
			金箴
		金箴 陳其本 何秉庸 何天培 姚廷棟 以上三人京衛籍 諸謙 據府志補	

辰

碑錄無

彭定求榜

金振甲 恩貢

王芬先 恩貢

童文斗 歲貢

學何天爵 附父光紳傳

何天培 副都統

何秉庸

十六年丁巳

余泰來

沈五鳳 綰曾孫

朱之楷

董玉 元儒子

十七年戊

史紹曾

鈕聲琦 教諭

姜希轄 逢元孫天樞子

姚夢龍 允致子

王之瀚 通志石門人

詹宏仁 據府志補通志杭州人

姜承[illegible]

金聲夏

李遇

年						
午			戴超	恩貢		守備 韓紹琦 俞章言 周士達
十八年己未		秦宗游有傳 歸允肅榜			周士達 俞章言副都統 范淙府志作琮在十五年	
十九年庚申				張慧才有傳 歲貢		
二十年辛酉			姚宏仁			沈宏範

酉

沈士鏐

沈五臯 綰曾孫

姜承烈

胡昇輔 昇猷弟

鈕景琦 通志秀水人以上三人順天中式

甯林采 廣西中式府志作林甯采會稽人

府志在十一年

王吉士 府志在十一年

徐吉士 衛守備據府志補

	二十一年壬戌	二十二年癸亥
	余彖來有傳 庶吉士奉天府丞 金然 編修府志作周金然 以上蔡升元榜	
吳溥 知縣福建中式 徐端 雲南中式以上二人據府志補		
	呂鉅烈府學 吳琳 歲貢	王之佐府學
	呂樽烈 阮應泰 府志作應恭 會稽人 姚廷棟 北籍	

二十三年甲子

平士楨　汾陽知縣

諸來晟

趙歷光　順天中式是科以後俱據府志

二十四年乙丑

沈五桌　知縣

諸來晟　襄陵知縣以上陸肯堂榜是科以後俱據府志

二十六年丁卯	二十七年戊辰	二十九年庚午
	戴超 知縣 沈廷文榜	
李瀛 茅伯良 張燧 何其馨 以上二人順天中式 陳允恭 廣西中式		田開來 商和
杜雄文 錢士穀 是科以後俱據府志並呈報		

	三十年辛未	三十二年癸酉	三十三年
	姚宏仁 田軒來有傳 姜承[illegible]檢討 以上戴有祺榜		李瀛
田軒來		張孝友 趙美玉順天中式 張鉞府志會稽人據呈報補	
			錢士穀

甲戌		三原知縣 陳允恭有傳 以上胡任輿榜			是科以後俱據府志並呈報	
三十五年丙子			周天任 李發枝 傅王燮 高暉 邵琮 知縣以上二人順天中式 孫紹曾 廣西中式御史	孫之屏 歲貢是年以後俱據府志		
三十六年		李發枝有傳				

丁丑

三十八年己卯

李蟠榜

王文燦

單國球

王芝本姓張

陳宏訓

錢溥

胡文燦

胡忠本以上二人順天中式

陳廷綸廣西中式

陳起鳳

茅子贄　四川中式同知

三十九年庚辰

張燧　欒城知縣

陳廷綸　有傳

以上汪鐸榜

四十一年壬午

陳沆

壽仁侯　本姓王教諭

金宗瀛　知縣

趙孚信

	四十二年癸未	四十四年乙酉
	胡忠本 常德知府 王式丹榜	
周之士 中書 王啟源 知縣以上三人順天中式		王霖 有傳 胡國楷 陳紱 賀鐸 劉文燧
		王之英 副貢據呈報補
		傅文生 韓問斌 金吉人 黃揆臣

四十五年丙戌

傅王雯 聞喜知縣

劉文燧 黃梅知縣碑錄燧作璲

趙孚信 知縣

張鉞 知縣府志會稽人據呈報

吳振鎬

金虞廷 府志屬會稽進士屬山陰

四十七年戊子

補以上王雲錦榜

龔祖翼

陳學夔知州

沈廷鶴知縣

朱齊名

李登瀛

馬淳

朱大節

徐俊民

四十八年己丑

祁錦　以上共八人順天中式

陳齊賢　廣西中式

張世文　據府志屬餘姚進士屬山陰

周天任

胡文燦　奉天教授

金虞廷

五十年辛卯

增城知縣碑錄錢塘人

以上趙熊詔榜

金以成

秦立

呂大抱

田嘉登

劉浩基

王洙學 本姓邵教諭

周鑛 有傳

戴一鴻

呂旦

施嘉櫼

趙輝祖

張琨 蕭山籍據蕭山志補

知縣改教諭

吳大桓

徐宏一

謝麟

陸廷宣

金兆瓏知縣

單潘翰

周毓麟

以上八人順天中式

王杜

據府志屬會稽進士屬山

陰

五十一年壬辰

吳振鎬　渭源知縣
張世文　中書
李登瀛　中書安仁知縣
以上王世琛榜

施嘉織
趙祖輝　侍衛案趙祖輝卽辛卯武舉趙輝祖

五十二年癸巳　是年恭

高煇　中書案高煇卽丙子舉人
李求齡　有傳
傅讓

黃霽祚
徐喻
黃霽祚

逢聖祖仁皇帝六旬萬壽開科於二月舉行鄉試於八月舉行會試

五十三年甲午

高暉
王貽荃 禮部主事
茹昌鼎
陳沆 廣宗知縣
吳孝登 正紅旗籍舉人科分無攷
以上王敬銘榜

劉景義
沈渭
司馬灝文 榜姓杜
王貽荃
潘運復
徐聚倫
茹昌鼎 以上六人順天中式
劉掞
史維藩

陳宏誥
王業澄 府學

沈永思
李繼綱

知縣以下年分無攷

周之矩廣西潯州知府　柳維寧
莊宏
傅王霅　朱思哲
劉廷棟有傳知縣　姜廷策恩貢
錢士號　陳遠
徐覺民　金承焯
胡忠匡　胡彪
任元祉　祁國英
司馬清　曾臺
呂肩壽恩貢

以上五人順天中式

平其篋鎮陽知縣府志會稽人據呈報補

何嘉珝有傳

朱甸

金燦

洪仁芳

王法祖

胡肯堂

王燦

王元愷有傳

趙承怵

劉廷梓

董茂澗

平遇

錢起會
胡賡颺
鄭岦
孫公旦
顧浩
陳公奕
吳仕俊
密雲籍拔貢
吳昭禎
周五聚
周曾
周中鏞有傳

以上三人俱歲貢據家乘補

五十四年乙未

陳宏訓 平羅知縣

徐陶璋 榜

五十六年丁酉

俞名言

何廷貴

胡書源 知縣

胡永齡

唐曾歷

知縣重賦鹿鳴

陳陛

陳煥　知縣

王德麟

馮淳

張兆新

王嵩年

以上八人順天中式

陳齊登　廣西中式

五十七年戊戌

金以成有傳 傳臚
潘翰本姓單庶吉士
傅王雲有傳
徐聚倫檢討河南布政
王杜知縣改仁和教諭碑錄無
以上汪應銓榜

呂旦

五十九年

沈元球

范岳山

庚子

知縣

鍾晼

丁儔嵩

劉之津

以上三人順天中式

周長發

府志會稽人據呈報補

徐廷槐

榜姓茹

范卜年

以上二人府志屬會稽進士屬山陰

胡憲章

通志仁和籍

六十年辛丑

胡國楷 有傳

范卜年 上高知縣碑錄大典八

司馬灝文 翰林鄞縣籍

以上鄧鍾岳榜

雍正元年癸卯 是年恭逢世宗憲皇帝登極開科於四月舉行鄉試於九

劉浩基 刑部主事

羅國柄 本姓余

章鐘 拔貢

羅廷儀 有傳

錢永淳

沈粱 知縣碑錄大典八

周仙芝

周之棫

陳齊賢

陳士熙

月舉行會試

庶吉士刑部員外郎以上于振榜

趙立身

金昌世 榜姓丁名名世

羅廷儀 以上三人順天中式

陳齊庶 知縣

陳齊芳 知縣

陳齊賢 知縣以上三人廣西中式

周然

據府志屬會稽進士屬山陰

沈溁 據府志屬會稽進士屬山陰

二年甲辰

金名世 有傳 更名昌世

周長發 侍讀學士

阮汝暻 棲霞知縣碑錄大興人舉人科分無攷

董思度

凌燮

王汝霖

王溥 知縣

孟濤 訓導

王維璲 副貢

馮乃斌

馮乃斌

四年丙午

趙立身 知府碑錄大興人
陳齊登 安陸知縣 案是科於八月補行會試
以上陳惪華榜

金龍鮫
朱閑聖 知縣
趙獻猷 有傳 教諭
陳思儼
朱培慶
以上四人順天中式
張麟錫
沈燡燔 有傳
余並之 本姓邵

沈詧 府學
副貢

鍾夢熊 有傳

閩人集
徐宏民
胡世繹
胡夢社
阮汝昭
以上六人順天中式

六年戊申
章倫 監生授普寧知州贈光祿少卿
楊璧 本姓董監生授古田知縣
王裕瓚

孫明倫 歲貢

山西大同籍監生任福建長泰知縣

陳齊東 平樂籍舉人任上元知縣

陳齊賢 平樂籍舉人任咸寧知縣陞鄜州知州

王愃 大興籍任南豐知縣

何經方 靖州籍監生任鎮雄州同

祁安期

舉人任山丹知縣

王士銓　監生任汝陽知縣

俞鋐　監生任鄒平知縣

俞則　監生任紫陽知縣

吳一默　有傳　辭退

七年己酉　陳齊襄　有傳　據傳補

周應宿

任宏業

王淳

王建中　拔貢

方天游　府學

楊廷彪

魯本禮 知縣

金鴻

顧爾棠

宋長城 本姓包

陳興祚

陳懋先 以上五人順天中式

金景珎 廣西中式

充三禮館纂修

方思行

王灝 順天以上副貢

八年庚戌

任宏業

陳八集

徐廷槐有傳

馮淳

顧爾棠

金鴻

高宏緝大興籍碑錄

袁儒忠宛平籍碑錄

宋長城

阮汝昭

余景玠 巳酉舉人金景玠與此姓異應有誤案丁未科停浙江舉人會試是科仍令會試

周霨榜

十年壬子

厲清來

呂世圭

聞人棠

陳應觀 石門教諭

平奇新

潘鐵 副貢

十一年癸丑

遂昌教諭府志會稽人據呈報補

董唐錦 順天籍

陳良士

吳道凝 通志作道寧仁和籍以上三人順天中式

厲清來 知縣

周然 碑錄大典籍

	十二年甲寅	十三年乙卯
陳俊榜		
		劉名勳　王炳　劉世繼省志姓胡　成周助　孫際震知縣　張鸞本姓茅以上二人順天中
	金鯨歲貢	張天如有傳拔貢　沈澐副貢訓導　陳思周府學歲貢年分無攷青田教諭
		馮彪　高元隼　張泰來

乾隆元年丙辰

周長發有傳　舉博學鴻詞科授檢討案是科同舉者有舉人王霖貢生胡天游廩監周大楓三人胡天游周大樞復於

張麟錫有傳

周應宿有傳

金德瑛榜

式

胡宗發　廣東中式

潘乙震有傳　廣西中式

周發　錢塘籍據家乘附

陳灝

洪濤

陳聲和

余蛟　通判

周仲孫　恩貢

盧桓

沈澐　以上副貢

金國瑛

	三年戊午
十四年舉明曉經術	
王文斐 沈廷奎 知縣 堵國櫺 據呈報補以上二人順天中式	陶光煦 榜姓平 魯士睿 邱葦 茅張巽 順天中式知府
丁文熊 歲貢	李麟顥 順天副貢致諭據呈報補
	徐達 千總

四年　己未

聞人棠　有傳
沈燡燔　有傳
徐垣　有傳　大興籍
張鷟
以上莊有恭榜

陳齊紳　廣西中式
徐垣　府志屬會稽　進士屬山陰

五年　庚申

唐元泓　歲貢訓導

六年辛酉

徐說巖
陳廷柱
俞本
劉三善 知縣
王文耀 歷國子監典簿
平灯
姚兆熊
徐浩
金紳 有傳
崖州知州據呈報補以上

陳道煥 府學
劉三善
以上拔貢

何長庚
高元齡
沈文顯 衛千總

	九年甲子	十年乙丑
二人順天中式	王道熙 孫大夏有傳 吳坤 李麟洲知州以上二人順天中式 劉麟韶廣東中式 周道湖府志會稽人據家乘附	
	王應辛 副貢	
		壽禹幹陝西舊縣關遊擊
	朱維嶽 劉王勇 韓雲 壽禹幹	

十一年丙寅	十二年丁卯
	鄘祖綬 茹元纛 李建烈登瀛孫 黃尚謨 柴揆教諭 金傳世 沈希賢知府
王繼槐歲貢	范周祚 婁起畏監生俱副貢
	朱成章 陸英傑

俞載歌

胡元吉

鍾元治

毛運昌

以上三人順天中式

陳齊發

陳啓宗

陳聖時

陳聖準

以上四人廣西中式

金鏞

府志作塘會稽人據呈報

十三年戊辰	十四年己巳	十五年庚午
金傳世有傳 陳聖準 梁國治榜		
		余介祚 徐大正 錢遵堯 周元浩訓導
劉三連歲貢 李觀化歲貢孔康訓導據呈報補	姜之瓏府學歲貢	許兆美恩貢 沈大寬副貢
		陳廷奎

補

陸家樞知縣

平聖臺

李浚原臺灣道

周朱城

沈徐垣

胡元琢

金世熊以上七人順天中式

陳聖傳有傳廣西中式

十六年辛未	十七年壬申
陳廷桂 知府 吳鴻榜	陳齊紳 翰林 秦大士榜
	魯森蘭 姚墟 知州 徐士龍 周大樞 附父鉞傳 祝其玉 知縣 胡元復
	張嗣孟 有傳 恩貢 楊綸 余顯祖 陳河清 以上副貢 林應岐 府學 歲貢
	沈細營 衛千總 施大邦 解元 李雲彪 游擊

十八年癸酉

訓導

丕世增 吉州知州

陳致新

馮兆觀 知縣以上六人順天中式

劉邦憲 廣東中式

沈常業 上蔡知縣

劉積基

倪必英

高大爵 府學

金琢章 知縣

鍾省

朱肇宇

朱桂邦 仁和籍據家乘附

知縣

王季勲　包化鵬

莫廷魁　柴眷

以上二人順天中式　以上副貢

周世綱 河南中式

以上拔貢

十九年甲戌

平聖臺 庶吉士同知

黃尚模 案黃尚模即丁卯舉人黃尚謨

余介祚

孟熀 歲貢

二十一年丙子

知縣

陳聖時翰林

以上莊培因榜

胡紹祖

周世官

劉毓德知縣

陶振教諭

倪佳駿

詹國瑞

胡裕仁府學

歲貢

知縣

周堅

胡木

平聖敬 榜名陳敬

朱成志 知縣以上四人順天中式

王作霖 廣東中式知縣

周情 溧澤知縣據呈報補

施大邦

丁丑　生員應南巡召試特賜舉人授內閣中書

二十四年己卯

吳鳳翥有傳

沈鳳來

余廷戩

丁宏遂

黃谷濵

吳壽昌

施謀杭州商籍

吳璜有傳順天中式

金增登

金垣登

吳鼎科 江南中式教諭

王瀚 河南中式

二十五年庚辰

童鳳三 工部侍郎

余廷義 有傳

楊德麟 碑錄大興籍舉八科分無考

以上畢沅榜

姚允宗 教諭

金尚清

沈詩杜

李廷佑 知縣

陳澧 知府

高華銘 歲貢

胡焜 副貢盧川知縣府志會稽人據呈報補

朱虎 仁和籍

吳獻　錢塘籍

丁浚　順天中式

陳聖修　廣西中式

傅金蘭　會稽籍據呈報補

周鈐　錢塘籍郾城知縣據呈報補

二十七年

金玉章

壽長庚

陳宗武

壬午

龐兆懋 仁和籍

祁英

陳惠

胡大棻

以上三人順天中式

劉昊先 廣東中式

吳徵士 山東中式

周紹洙 錢塘籍教諭 據呈報補

恩貢

解元

王千能

	二十八年癸未	二十九年甲申	三十年乙酉
			吴壽昌 舉人應南巡召試授內閣中書
	平聖敬 知縣 秦大成榜		
諸淳 仁和籍據呈報補			鍾學禮 改名奎炎江西南康知縣 徐聯奎
		沈文蔚 府學 沈欽承 府學 陳佳麟 俱歲貢	錢廷輔 府學 王世騰 俱拔貢
			鈕萬安

王世騰
施兆華
傅廷芳
吳尊盤
俞大業　教諭
章玉輅　知縣
孫鋑　改名鑑知府
陳士鎬　教諭

陳寅賓
茅連泰
俞廷璇　俱副貢

三十一年丙戌

金尚清五河知縣

沈詩李

潘廷筠錢塘籍

朱元麟改名紱內閣中書

謝樹本姓駱以上二人順天中式

鄭大經廣東中式

苗恩詔府學

王望松

王世騰 知縣

徐聯奎 同知

以上張書勳榜

俱歲貢

三十三年戊子

王千驥 知縣

王兆嘉 教諭

謝嘉玉 教諭

蔡必昌

朱其淵 歲貢

童佳

三十四年己丑

吴壽昌有傳

沈詩杜同知

知府

包亘行以上二人順天中式

倪書廣東中式

陳鋗廣西中式

朱近曾順天中式據呈報補

三十五年庚寅

沈詩李 通判

毛運昌 知縣

吳徵士 知府

朱近曾 岢嵐知州據呈報補 以上陳初哲榜

李堯棟

沈大寬 訓導

許琬 歲貢

朱鎮邦 解元會稽籍

壽無疆

金黻
劉顯祖
余玉書 訓導
平恕
孫瀚
俞大猷
薛又謙
毛登瀛 本姓茅
邵颿 知縣

俞元贊 衛千總

陶奎聯　教諭
祝純瑞
胡紀謨
知州以上九人順天中式
胡海　廣東中式

三十六年辛卯

金瀫　知縣　黃軒榜

余鐙
何蕙　教諭
吳壽朋　知縣

向宏運　府學　歲貢

陳起鵬

楊廷說

王光照 知縣

唐燦

董達著

謝肇淛

胡堯 教諭

張方理 知府

祁堂 教諭

孫廷錦

柴模

朱震

羅芳雲 修武知縣

李文焯

商垣

劉坤

吳志

吳永清 知縣

李珪

三十七年壬辰

平恕 傳臚吏部侍郎

李堯棟

祖望孫以上十四人順天中式

吳垣安 知縣

沈謩 以上二人廣東中式

陸湘 據府志屬會稽進士屬山陰

金尚濂 府學

徐鼂 俱恩貢

朱鎮邦 侍衛游擊

翰林知府
俞大猷
探花知府
陸湘
中書保定籍
以上金榜
榜

高兆虬府學
王濬
俱歲貢

三十九年甲午

商庚知縣主事
平遠
鍾錫圭
胡文銓
王繼善

周洪歲貢
沈大有副貢

榜姓陳敎諭

胡敬熙　以上四人順天中式

徐本仁　廣西中式

楊保樑　敎諭

徐煌　順天中式知縣

馮振鷺　順天中式荆門知州以上三人據呈報補

四十年乙未	四十一年丙申	四十二年丁酉
唐燦知縣 胡文銓知府 孫瀚 以上吳錫齡榜		
		徐景芳 陶鑑 孔傳家 郭鳳鳴
	陳宗琦歲貢	王夏府學 沈錫周府學訓導 史步雲
		單廷鎧

順天中式

唐夢鵬改名致光以上俱拔貢

聞人杲順天榜以上俱副貢

四十三年戊戌

吳尊盤通判

潘庭筠翰林御史以上戴衢亨榜

劉一瓏歲貢

四十四年己亥

倪鶴皐

柳超教諭

許元府學副貢

朱鈗

李長春千總

四十五年庚子		
平遠 內閣中書同知		
莫其量	平定	沈燮 樊廷簡 沈爔 丁堂 丁垌 知縣 陳坙高 以上三人順天中式 周理 河南中式據呈報補
	徐德成 恩貢	
	王國泰	

茱模　葛應會　婁佩蓮

庶吉士中書知縣　歲貢

以上汪如

洋榜

諸涵清

平聖垣

鹽大使

沈廷梅

李世琛

王增福

胡文錦

俞廷樞

以上三人順

天中式

龐毅

四十八年癸卯	四十七年壬寅	四十六年辛丑	
何金 監生應南巡召試授內閣中書歷侍讀			
		陶鑑 知縣 周理 白鹽井提舉司據家乘補 以上錢棨榜	
黃豫 王宗槐 吳一騂 錢塘籍			會稽籍
徐翀 府學 沈炳 孫鵬程 俱副貢	趙坦 歲貢	孫大濩 府學 歲貢	
龔天爵 外委			

朱曦
丁紹錦
丁堦
沈堂　以上五人順天中式
趙宣本　廣西中式
余清標　順天中式知縣據呈報補

四十九年甲辰

倪鶴臯　國子監學正
丁堦

阮鳴珂　府學
莫紀堂　俱歲貢

	五十年乙巳	五十一年丙午
山東鹽運使 以上茹棻榜		
		朱青選 知縣 陳萬春 王奎 鹽大使 陸煥 教諭 史致光
	俞亮天 恩貢	沈元揆 府學 陳其時 以上歲貢 李師曾 副貢屏山知縣府志會稽人據呈報補
		華國平 謝曾駟

原名步雲

徐品山　沁水知縣

陳大本

李景和

吳煦

胡又蘭

以上六人順天中式

顧德慶　山西中式

劉方振　欽賜舉人

五十二年丁未

史致光 狀元雲南知府

茅豫 御史

楊夢符 員外郎舉人科分無攷

慈銘案洪亮吉卷葹閣集刑部江蘇司員外郎楊君墓表云君年二十八以國子監生中式陝西鄉試改歸浙江又十年丙戌進士是其舉人科分當爲四十二年丁酉也

徐景芳

吳煦

以上史致光榜

五十三年戊申

葉騰蛟 知縣

朱淥

王克寧 歲貢

余大輝
徐夢熊
壽龍桴
教諭
劉繼棟
金和
教諭
金樹發
徐鴻
王謨
周勳
陳士倬

李澐 知縣

沈臨之 教諭以上九人順天中式

胡卿

何錫綸 以上二人河南中式

高明理 順天中式府志屬會稽據呈報補

五十四年己酉

顧德慶 祭酒胡長齡榜

王衍桂

秋學禮

唐成翊 府學

陳環

葛承陞

龔奎邦

教諭

謝雲卿　教諭

董觀化

周繼炘

韓理

金甌

汪桂林

李泉

宋文彬

以上十六人順天中式

詹學孟

副指揮以上

邵由義　拔貢　副貢

許定國　千總

	五十五年庚戌	五十七年壬子
欽賜舉人庚戌科欽賜翰林院檢討		傅德臨解元　何蘭馥　李騰蛟　張超
	高大祿府學　馮躍龍以上恩貢　朱炳歲貢	

教諭

潘慧

劉祖得

丁文鈺　順天中式

王檢　四川中式

陳懷震　廣西中式

汪應奎　改名應培知縣

朱壽滙

	五十八年癸丑	五十九年甲寅
以上二人順天中式據呈報補 沈念祖 欽賜舉人癸丑科欽賜翰林院檢討		沈清棟 陸文鏳 姚樟 高鳳詔
	史廷夔 府學歲貢 是年以後並據縣册	黃志亮 恩貢 周思鎬 副貢

六十年乙卯

沈樂善 翰林御史天津籍
李泉 屯留知縣宛平籍

章鍏
余懷瑾
俞鴻 欽賜舉人

史致焜
沈世求 順天中式
龐紹福 順天中式
周岱齡 河南中式是科以後並據縣册

章廷樺 副貢遂溪知縣以下年分無攷
周紛 歲貢
周大榜 優貢

以上王以銜榜

是科以後並據縣册

嘉慶元年丙辰

丁玉熹 中書清苑籍 趙文楷榜

俞大綱 歲貢

三年戊午

蔣恒煜

姚錫麟

董成

楊祖香

陳思濟

欽賜舉人

李墉 歲貢

周思鎬 副貢

汪晟 順天副貢州判

四年己未

朱滌

陳增高 府學

庶吉士工部主事

何蘭馥　刑部主事

汪桂林　知縣

賞錯　庶吉士寶豐知縣

王檢　吏部主事

沈世求　主事

以上姚文田榜

恩貢

年		進士	舉人	貢
五年庚申			何蘭汀 錢澐 順天中式	潘江 恩貢 張南星 副貢 陳紹龍 府學 歲貢 馮廷棟 歲貢
六年辛酉		徐鴻 錢澐 知縣 以上顧皐榜	陸茂 王舜敷 何因錀 丁晉堦	童璜 拔貢 何一坤 優貢

七年壬戌

何蘭汀 庶吉士

高明理 大興籍 以上吳廷琛榜

童璜

謝鳳曦 欽賜舉人

潘道泰 府學 歲貢

俞暘 府學

王焴倫 以上三人俱歲貢

右選舉表二

附仕籍案舊志不由選舉入仕者有例貢特用名目列於選舉後今倣姚江志凡異途入仕至七品以上者載之呈報之所不及未能遍訪以俟續增

姚起鳳 通判

吳興都 舊志官缺

虞敬道知縣　虞　相州同

虞　卿州同　陳大經吏部司務

劉明宗舊志官缺　姜　琰教諭

余泰徵州同　薛　昌教諭

章尙策通判　王嘉球州同

王嘉琛州同　盛振英教諭

平　遇教諭　趙　璲知縣

金廷夏知縣　陳有謙瀘州州判

陳繩祖通判　朱凛延教諭

張　鑄知縣　唐啓伯同知

唐啓元舊志官缺　林日蔚舊志官缺

張　捷推官　劉宬世主事

劉治世通判
王元佺學正
夏泰泉訓導
何旅通判纂修實錄
史彩知縣
聞士琦知縣
徐元言知縣
何嘉禎同知
朱均知縣
朱之棟知州
王士瀚知縣
趙容左都督

王元俶訓導
夏暨英知縣
夏泰東州同
史彬知縣
聞在上知縣
魏廸同知
金夢旦同知
朱培知縣
朱玭知縣
王基縣丞
鍾之豫知縣
趙寧同知

王紀 知州　王瓚 舊志官缺

王瑛 知縣　王琦 舊志官缺

胡賡颺 教諭　唐炌 訓導

金美 舊志官缺　劉廷梓 舊志官缺

王超文 州同　金發祥 州同

平津 訓導　施堯佐 通判

施薇 教諭　張夢日 州同

張文錦 舊志官缺　王元俠 知縣

趙完璧 知縣　潘翊清 蘄州知州

潘翊君 參領從軍恢復雲南　潘運昌 參領從軍恢復雲南

白肇嘉 縣丞　邢錫禧 州同

張存性 通判　劉鴻 知縣

秦　銑　知縣

呂光祖　舊志官缺

沈士龍　知縣

余汝鼎　貴州鎮遠縣知縣

周爔晃　新泰縣知縣

孫良炳　山東滋陽縣知縣宛平籍

蔡　湘　山東歷城縣知縣河南汲縣籍

周中鋐　松江府知府贈太僕寺卿

俞士元　山東魚台縣知縣

沈廷諧　山東曹州府糧河通判

謝雲和　山東武城縣知縣大興籍

朱　宏　山西平定州知州大興籍

秦世鼎　舊志官缺

朱鼎新　福建左布政以上舊志

何　均　貴州石阡府知府順天籍

趙　瑛　河南魯山縣知縣

張孔源　直隸沙河縣知縣

張　鼎　河工銅沛同知順天籍

何裕均　江西臨江府知府

周中鐸　常州府通判

王述周　桃源縣知縣

傅　鄴　湖南鳳凰廳同知加道銜

陳丹山　湖南麻陽縣知縣

周　垣　瑞州府通判

何　銑河南糧鹽道

孫象坤河南開封府上南河同知

李有𬭚甘肅平番縣知縣

袁成烈河南新野縣知縣

胡　峋河南息縣知縣加通判銜

周名棠四川什邡縣知縣

史　謙福建鳳山縣典史陣亡世襲雲騎尉

陳起鴻直隸三角淀通判

何　鐘廣東潮州府同知

周賓雅恩平縣知縣

陳大倫河南杞縣知縣大興籍

楊炳文江津縣典史陣亡入昭忠祠世襲雲騎尉

張廷璧山西太平縣知縣本姓孫

董文偉江西南康府知府

周道濬濟寧州知州

呂仕祺四川溫江縣知縣

陳文鋐四川崇寧縣知縣

周道泮隴州知州

余永寧四川達縣知縣

周　錦山東魚台縣知縣

孫景潞四川石砫廳同知大興籍

王發基雲南鄧川州知州

高思傳雲南琅鹽井提舉

王述炳雲南普洱府同知

黃　詔九道梁巡檢陣亡入昭忠祠世襲雲騎尉

馮啟宗福建臺灣巡檢陣亡世襲雲騎尉

何裕理貴州黎平府通判

朱慧昌廈門同知陣亡入昭忠祠世襲雲騎尉

包晉階陝西長武縣知縣

王貽慈廣西思恩府同知

王　錦甘肅西寧府通判

何裕堃直隸石景山同知

王鍾岱湖北歸州知州

馮　瑛直隸景山同知

章壽彭直隸清苑縣知縣

沈　璉四川雅州府知府

王懋德鎮遠縣知縣陣亡入昭忠祠世襲雲騎尉

周懷鍊鄒平縣知縣

陳聖修雲南府通判廣西臨桂籍

趙學璐四川知縣

余　英四川新津縣知縣宛平籍

王作霖直隸交河縣知縣

吳學會河南安陽縣知縣

周雲翮江蘇上海縣知縣

董　杰雲南大理府同知

陳廷機江西九江府通判

張克明四川知州

謝國楨陝西渭南縣知縣

張陳銓四川開縣知縣
平廷鼎江西南安府同知
平鄗鼎戶部湖廣司主事
金明源江西九江府知府
錢宗禹河南修武縣知縣
陳於禮河南陳州府知府
張孔源直隸清苑縣知縣
劉　雲知縣
史善載謙子襲雲騎尉現任直隸督標守備
馮廷玉啟忠子襲雲騎
朱祖望慧昌子襲雲騎尉以上呈報

陳聖理刑部陝西司郎中廣西籍
陳　璜江蘇溧水縣知縣
陳太初江蘇甘泉縣知縣
陳仕林陝西耀州知州
錢宗周廣西潯州府知府
茅啟運直隸三河縣知縣
平　璐知縣
陳廣寧聖傳子襲雲騎尉現任福建督標右營參將
楊廷瓚炳文子襲雲騎尉
王兆麟懋德子襲雲騎尉現署紹協左營守備

山陰縣志卷十

山陰縣志卷十一

人民志第二之三

古者小司寇掌登民數獻之於王拜而受之藏於天府此戶口簿記之書所由傳也若乃國無異政天下於以同風史必陳詩小人因之貢俗唐虞之世比屋可封洙泗之間里仁爲美是故鄉維倚齒射不主皮聲愛弦歌價譏踊屨凡禮樂政刑之設三五六經之文以及漢使輶軒宋頒戒石又莫不以移風易俗爲極則至交矣夫上有好者下必有甚貴者爲之賤者慕焉然則熙熙萬井間

朝廷旣重以職官鄉里復榮以選舉繼此兩端以談紀述將周處風土之記應劭通義之編其可緩乎

宋案唐以前戶口多不詳或統入會稽郡及越州其分晰載之者自宋始 大中祥符四年戶三萬

二千一百七十一丁四萬三千八百六十二府志作戶二千一百七十一丁三千八百嘉泰元年戶三萬六千六百五十二丁四萬六千二百二十七老幼殘疾不成丁一萬五千七百六十七

元戶口缺案各舊志止有至元泰定兩籍亦統入紹興路無山邑細目

明洪武二十四年戶五萬三千九百四十六口二十萬四千五百三永樂十年戶口同前嘉靖十年戶二萬九千六百六十八口一十萬三千四百三十二隆慶二年戶三萬三百六十四口一十一萬五千六百七十萬歷年間戶二萬九千一百四十三內民戶二萬三千二百二十七軍戶三千五百三十二匠戶五百五十八竈戶九百五十六官戶一百二十五生員戶一百一十六力士校尉戶二十二陰陽戶二十五醫戶一十五廚戶三十二捕戶九弓兵舖兵皂隸戶一百八十九水馬驛站壩夫戶二百八十六僧戶二十六道戶二十五口一十一萬五千四百九男八萬二千二百九十九婦三萬三千一百一十以上據舊志並府志

國朝原額戶口詳田賦卷中

康熙籍戶三萬一百七十二有紳戶衿戶民戶竈戶之別口一十一萬五千二百十一男八萬二千五百五十五婦三萬二千六百五十五府志二十年實在人丁三萬一千八百七十口通志五十二年欽奉

上諭海宇承平日久戶口日繁地畝並未加廣宜施寬大之恩共享恬熙之樂嗣後各直省地方官遇編審之期察出增益人丁祇將實數另造清册奏聞其徵收錢糧但據康熙五十年丁册定爲常額續生人丁永不加賦於是本縣增益人丁一千二百七十六口府志六十年原報原額人丁三萬三千四百三十二口通志

雍正四年實在人丁三萬三千六百六十五口通志

案是年奉文將應徵丁賦攤入田畝派法詳田賦卷中

乾隆五十六年戶十二萬二千一百十九男女大小丁口一百萬二千五百八十二府志

嘉慶七年丁口一百萬八千八百三十二內寄居丁口六萬一千四百四十土著丁口九十四萬七千三百九十二縣冊

右戶口

越水行而山處以船爲車以檝爲馬越絶書　海嶽精液善生俊美是以忠臣繫踵孝子連閭三國吳志虞翻對　地有湖陂灌溉之利絲布魚鹽之饒宋史地理志　民勤儉好學篤志尊師擇友弦誦比屋相聞不事奢靡士大夫家占產甚薄縮衣節食以足伏臘嘉泰會稽志　謹祭祀力本重農下至蓬戶恥不以詩書訓其子家矜譜系推門第婦女無交游雖世姻竟不識面不鬻男女於境外大抵于俗爲美也府志　貞烈之行史不絶書明隆萬閒講理學接陽明之派

者代不乏人而山林遺逸者清修高蹈亦能以詩文名其家行業爲後生典型于昔之所稱述蓋庶幾焉舊志

冠禮不行久矣婚姻多擇門第用媒妁通姓名於女家曰拜門女家允諾治席款媒曰肯酒過聘尚華麗娶之日不親迎使樂婦扶掖拜堂以羽士贊祝禳用踏囊牽紅傳席交杯以棗栗等果物撒之曰撒帳明日拜公姑以次及其家衆案今之婚禮亦有六彷佛古之遺意古之所謂納采問名納吉納徵請期親迎者今則曰出口曰請庚曰傳紅曰過禮曰道日曰迎娶其請庚或在過禮後少有參差耳娶之日不親迎而有謂之迎親者壻至婦家成合巹禮偕婦返無踏藁牽紅諸儀節貧家偶行之意在惜費非欲復古也

喪禮大槩遵文公家禮惟不行小殮不用魂帛弔奠者具祭儀楮錢紙燭主家以絹帛荅之營壟多以磚石爲槨又製石桌圍堂蔭以松栢信堪輿家言買地有不惜多金者案喪事用鼓樂非禮也用浮屠亦非禮也今則浮屠而有用鼓樂者背誕甚矣達禮之家固嚴絶之

祭以四時或用四仲

分至日或元旦端陽重陽獻春往祖塋祭拜清明拜墓亦曰掃松案邑之士民無不重祭有子姓必立祀產雖貧不鬻故得常保其烝嘗時祭之外尤重先人忌日及誕辰世數雖遠享祀不忒至墓祭有三在元旦後曰拜墳歲在清明後曰祭掃在霜降後曰送寒衣　訂舊志

歲時

正旦男女夙興家主設酒果禮賀接神黎明焚香拜天次拜先人遺像然後男女序拜其尊長男子詣親屬賀歲以酒食相款接凡五日乃畢按族姓有宗祠者正旦必羣詣行禮　立春先一日官府迎春東郊少長集通衢游觀至期用巫祝禱祭謂之作春福案今俗作福有以立春前爲重者曰作冬福其大槩以歲底爲率春福之說已不行　正月十四日用巫人以牲醴祀白虎之神祭畢以紅綠線釘虎於門上謂之遣白虎案此風今已不行　元宵前二日官府弛禁縱民偕樂朱門畫屋盡出器幣以矜豪華其寺觀庵宇懸諸花燈街市結棚張綵作烟樓月殿窮奇競巧珍玩咸備簫鼓謳歌喧闐徹旦男女游觀於道

竟五夕乃已凡村落人烟輳集處於神廟中列珍饌奇玩名花異果名曰排筵燈有三齊之琉璃珠滇之料絲丹陽之上耀絲金陵之夾紗羊角杭之羊皮燕之雲母毯屏維揚之蛇皮錦江北之攢雪夾錯相懸間以爆竹流星及丢線烟火案近日城市中此風頗希村落大者神廟中猶矜尚之　社日鄉有社祭必演戲以祀土穀神案秋社與春社同　二月二日嘉泰志云始開西園縱郡人游觀謂之開龍口蓋指卧龍山言也府帥領客觀競渡時有爭進攘奪之患自史魏公浩爲帥雖設銀盃綵帛不問勝負均以予之自是爲例叅府志兒童歌青梅聲調宛轉大抵如巴峽竹枝之類案此風今已不行淸明節後男女具時饈省墓多用聲樂澄湖曲川畫船相尾羅綺繁華與桃李相掩映案今掃墓多有在節前者　三月初六日張神誕辰神蕭山人有捍海滅倭功三江斗門集水車鳧馬以侑神觴甚

至非水神而遇誕日亦有以競渡恣游戲者　三月二十八日東嶽帝誕辰男女有燒香酬願者且行且拜直至廟中婦女或僱人代拜　端午日以角黍相餽遺家設蒲觴磨雄黃飲之懸艾虎及綵符女子或以繭作虎小兒則以綵繩繫臂採藥合藥者率以是日　五月六日嘉泰志云觀荷花亦乘畫舫多集於梅山本覺寺或游容山項里六峰看楊梅（案此風今已不行）　夏至祀先祖以麪鄉人競渡于通津衣小兒衣歌農歌率數十人共一舟以先後相馳逐觀者往來如堵（案夏至競渡今已不行）　七月七夕相宴集女子陳瓜果乞巧　七月十五日中元節祀先祖用素饌僧舍營齋供閭里作盂蘭會或燃燈放之水中喧以鐃鼓至夜分乃止是夜多延僧建壇設醮祭鬼施食子孫薦亡者設靈位于臺下以香燭蔬果饗之曰助薦　中秋夜置酒玩月以月餅相

餽遺　八月十八日有觀潮會自三江至杙塢山延袤六十里皆有觀者每自午至未乃止潮經曰初三十八午後水發潮後俄頃勢愈力名瀲浪舸在海邊者棹至中流迎之潮至從舟上過無覆溺患名曰接潮　重陽登高蒸米爲五色糕剪綵旗供小兒娛戲　冬至祀先以餛飩亦或宴飲不拜賀案此日民間禁忌最重語曰冬至大如年　十二月二十四日夜祀竈俗傳臘月廿五竈神上天故先祭之案今祀竈在二十三日者居半品用糖糕先數日丐人飾鬼容執器仗鳴鑼鼓沿門叫跳謂之跳竈自是人家各拂塵諸度歲品物不論貧富各經營預備僧道則作交年保安疏以送檀越名曰作年福親戚互餽酒食相望于路屑粳糯蒸之爲年糕案今以角黍配之　又蒸粳米半熟名飯粰䅶烏豆于內新正數日內炊食之除夕過午即灑掃堂室懸紙錢於閫旁案今俗不懸紙錢而懸紙毬換桃符

門神懸祖先像幷鍾馗圖向暮置襍薪爇于庭曰燒桑盆光焰燭天爆竹聲不絕送神已乃闔門集少長歡飲曰分歲酒或終夜圍爐守歲訂舊志

有丐戶襍處民間以萬計不知其所始自言宋將焦光瓚部落以叛宋投金故擯之曰墮民例不得與平民相爲婚姻見人不拱手不同坐其所居之業民無有躋之者男之業捕蛙賣餳學鼓吹歌唱女之業拗鬏髻梳髮爲髢民間花燭丐婦扶拜拳丞市巷貿易說媒貪黠而邪佞故曰丐者俗之瘤也舊志

近俗之美者修築道路橋梁或捨棺掩胔貧家產兒力不能育者代爲收養僱乳媼給衣食不致匱乏名育嬰會欲以爲嗣者聽其領去饑荒之年各坊都勸募散米煮粥貧民賴之以活舊志

案風俗不能有媺而無惡自昔然矣乾隆五十七年郡守李公

於所禁之案擇其尤爲民害者十條勒石儀門名十禁碑一曰封山採石二曰藉命勒詐三曰胥役扛訟四曰焚燒屍棺五曰縱放營馬六曰官河水閣七曰江橋横泊八曰妄拿民船九曰演唱夜戲十曰設局誘賭各加詳註並刊入府志風俗門後積習爲之一變

右風俗

山陰縣志卷十一

山陰縣志卷十二

人民志第二之四

漢最重經術次則吏治並卽以經術爲吏治之本西京政蹟卓然可風司馬氏仍特立循吏酷吏二傳寓勸懲焉方志名宦皆古循良也顧向來有褒無貶例既寬則義宜稍嚴今兹所登悉仍其舊不敢意爲去取而盱衡前代往往碑政蹟立生祠固足見遺愛之深民風之厚沿襲既久將有以僞亂眞習爲諛佞者要知實至名歸塗飾何益繼此載筆者審慎三思可也

王闗漢　吾粲　朱然以上吳　沈叔任

江統　干寶　魏顗　王準之以上晉

王鎮之　徐豁　陸邵　顧凱之

張岱　傅僧祐子琰孫翽　江秉之　沈憲孫浚

周疇　王沉　劉元明　王詢

邛仲孚　孔僉　沈僧昭　褚玠以上南北朝

張遜唐　陳舜俞　鄭嘉正以上宋　定定

賈楝　戴正　孫原夔以上元　崔東

胡志學　譚應奎　姜榮　王耕

錢浩　周鐸　金爵　王倬

李良　杜宏　張煥　顧鐸

楊行中　劉昺　許東望　陳懋觀

徐貞明　毛壽南　馬如蛟　王堅

汪兆元　應佐　鞠斌　陽春

黃昇　岑子元　韓宜可　何樵

薛正言　王受益以上明　顧孚咸　高登先

范其鑄　楊爲域　劉晏　林其茂

舒瞻　萬以敦　王自功附　姚承德附　以上國朝

漢

王闕案府志作王闓字選公無錫人建武初爲山陰令不交一人公庭閑寂時號王獨坐王會新編祀名宦據縣學栗主補

吳

吾粲字孔休烏程人令山陰有能聲府志遷會稽太守嘗募民討平山越名重江東舊志餘見三國志

朱然字義封故鄣人由餘姚長遷山陰令加折衝校尉督五縣然長不滿七尺氣候分明內行修潔戰輒有功封當陽侯終左大司馬右軍師祀名宦三國志府志

晉

沈叔任武康人爲山陰令大有治聲後爲益州刺史嘉泰志祀名宦據栗主補

江統字應元陳留人襲父爵除山陰令有善政時羌戎襍處嘗作徙戎論數千言時不能用見晉書府志　餘

干寶字令升新蔡人有良史才領國史以貧求山陰令有令名晉書嘉泰志祀名宦據栗主補

魏顗字長齊會稽人世稱四族之雋及爲山陰令果以政績顯著時益稱服之府志

王准之字元曾南史作王准之字元魯臨沂人義熙中爲山陰令有能名預討盧循功封都亭侯除御史中丞宋元嘉中歷侍中尚書丹陽尹卒宋書

南北朝

王鎮之字伯重臨沂人爲剡上虞令並有能名內史謝輶請爲山陰令復有殊績宋書並見南史案鎮之在宋爲山陰令府志舊志俱入晉祀名宦據栗主補

徐豁字萬同東莞姑幕人宋永初初案府志作永嘉初誤爲尚書左丞令山陰精練法理爲時所推後爲始興太守廣州刺史南史案豁宋武帝時任山陰舊志在顧凱之張佾後

陸邵宋景平初爲山陰令富陽賊孫道慶等攻沒縣邑直抵山陰會稽太守褚淡之自假凌江將軍以邵領司馬與行軍將軍漏恭期案漏或作濁恭舊志作參合力大破賊於柯亭嘉泰志案邵宋少帝時任山陰舊志在傅僧祐後

顧凱之宋書作覬之字偉仁吳郡人歷尚書都官郎後爲山陰令山陰劇邑三萬戶凱之理繁以約縣曹無事晝日垂簾門階閑寂自宋世爲山陰者務簡而事理莫能尚也後爲吳郡太守卒謚

簡（南史）祀名宦 據粟主補

張岱字景山吳郡人宋時爲司徒左西曹掾母年八十岱去官還養有司以岱違制將欲糾舉宋孝武曰觀過可以知仁不須案也累遷山陰令職事閑理後爲三府諮議或謂岱曰公每能緝和公私云何致此岱曰古人言一心可以事百君我爲政端平待物以理悔吝之事無由而及（南史　案凱之元嘉初任岱大明中任顧先張後舊志互易）

傅僧祐北地靈州人有吏才兩爲山陰令以異政著稱（嘉泰志）子琰字季珪仕宋爲武康令遷山陰令並著能名二縣謂之傅聖賜爵新亭侯遷尚書左丞齊高帝輔政以山陰獄訟煩積復以琰爲令有賣鍼賣糖二姥爭團絲詣琰琰爲挂團絲於柱鞭之密視有鐵屑乃罰賣糖者又二野父爭雞琰各問所飼一人云粟

一人云豆破雞得粟罷言豆者縣內稱神明父子並著奇績時云有理縣譚子孫相傳不以示人後爲廬陵王長史南郡內史行荆州事卒玫子翽代劉元明爲山陰令亦有能名孫廉嘗請曰聞丈人發姦擿伏惠化如神何以至此翽曰惟勤而清清則憲綱自行勤則事無不理位驃騎諮議

江秉之字元叔考城人宋少帝時歷𠃔世烏程令以善政著名東土徵建康令爲政嚴察後爲山陰令政事繁擾訟訴殷積階庭常數百人秉之御繁以簡常得無事歷遷新安臨海太守並以簡約稱嘗作書案一枚去官日留以付庫案秉之太始中任山陰舊志在傳僧祐前

沈憲字彥章武康人武陵王爲會稽以憲爲左軍司馬齊高帝以山陰戶衆欲分爲兩縣武帝啓曰縣豈不可御顧用不得人

耳乃以憲帶山陰令政聲大著孔稚珪請假東歸謂人曰沈令料事特有天才後爲散騎常侍未拜卒憲孫浚字叔源仕梁歷山陰吳建康三縣並有能名累遷御史中丞以上南史

周顒字彥倫汝南安城人宋元徽中爲剡令有恩惠百姓思之齊高帝輔政爲齊殿中郎建元初爲長沙王後軍參軍山陰令南史縣舊訂滂民以供徭役顒言之於太守聞喜公子良曰竊見滂民之困極矣役命有常祇應轉竭蹙迫驅催莫安其所險者或竄避山湖困者自經溝瀆亦有摧臂斮手苟自殘落販傭貼子權赴急難每至滂使發動遵赴常促輒有柦杖被錙稽顙階垂泣淵告哀不知所振下官未嘗不當食罷筯當書偃筆爲之愴不能已交事不濟不得不就加捶罰見此辛酸時不可過山陰邦治事倍餘城然略聞諸縣亦處處皆蹟惟上虞以百戶一

滂大爲優足過此列城不無凋弊宜應有以普救倒懸設流開便則轉患爲功得之何遠南齊書

王沉字彦流東海人爲山陰令遷長沙太守清廉戒愼死之日無宅可憩故吏爲營棺柩

劉元明臨淮人爲山陰令政爲天下第一及去傅琰子翽代之問元明曰願以舊政告新令元明曰我有奇術卿家譜所不載臨別當相示旣而曰作縣令惟日食一升飯莫飲酒此第一策也終司農卿

王詢齊永泰初爲山陰令會稽太守王敬則將舉兵反召詢問發丁可得幾人府庫物錢有幾詢曰縣丁卒不可得府庫物多未輸入敬則怒斬之乃起兵過浙江

邱仲孚字公信烏程人靈鞠從孫少好學靈鞠稱爲千里駒齊

永明初爲國子生王儉曰東南之美復見邱生爲曲阿令王敬則反以拒守功遷山陰令甚有聲稱百姓謠曰二傳沈劉不如一邱謂傳琰父子沈憲劉元明也梁武踐祚復爲山陰令長於撥煩善適權變號稱神明政爲天下第一以上南史祀名宦據栗主補

案嘉泰志邱仲孚後有謝岐岐爲令無事蹟係山陰人府志入列傳最允今詳鄉賢

孔僉邑人自五經博士爲邑令以治行著舊志　案南史僉儒者不長政術此云以治行著宜有所本姑存之餘詳鄉賢　又案僉梁人據南史僉少事何允又值太清之亂距宋末七十一年舊志編入宋

沈僧昭武康人爲山陰令有能聲推服於時舊志餘見南史

褚玠字溫理陳大建中爲中書侍郎時山陰多豪猾前後令皆以贓汚免宣帝謂中書舍人蔡景歷曰稽陰大邑久無良宰卿文士內試思其人景歷進玠乃除山陰令縣人張次的王休達

輩賄賂通姦隱没丁戶玠乃鎖次的等具狀啓臺宣帝手勑慰勞遣使助玠括出軍八八百餘戶時曹義達爲宣帝所寵縣人有諂事義達恃勢暴橫者玠執鞭之吏民股栗在任歲餘去官之日不堪自致困踣縣境種菜自給皇太子知玠無還裝手書賜粟三百斛於是還都後累遷御史中丞南史

唐

張遜乾寧初爲山陰令董昌反自號大越羅平國改元順天署置百官召遜知御史臺遜固辭曰公自棄爲天下笑且六州勢不助逆今據孤州祇速死耳昌惡之曰遜不知天意以邪說拒我囚之它日謂人曰我縱無遜何乏於事乃殺之新唐書

宋

陳舜俞字令舉烏程人舉進士又舉制科第一熙寧三年以屯

田員外郎知山陰縣詔俟代還試館職舜俞辭曰爵祿名器烏可要期如付劑契繳中書帖上之青苗法行舜俞不奉令上疏自劾奏上責監南康軍鹽酒稅五年卒蘇軾爲文哭之稱其學術才能兼百人之器一斥不復士大夫識與不識皆深悲之宋史

鄭嘉正福州福清人紹熙初爲山陰尉以幹理稱舊志

元

定定字君輔畏兀氏也至正間爲山陰縣達魯花赤均賦興學表賢良明教化吏民稱之府志祀名宦據粟主補

賈棣眞定人至正間爲山陰縣廉惠明敏百姓感服舊志

戴正鄱陽人元末爲山陰丞年甫十九詳慎如老吏有清操政尚寬平嘗承檄括民田詭隱弊革而民不擾府志祀名宦據粟主補

孫原義餘姚人爲山陰教諭闡明理學克纘燭湖先生之緒府志

明

崔東字震初洪武初知山陰賦均訟簡有治聲去後民謳思之明一統志

胡志學貴池人洪武末知縣事首興學校士知修業有惠政百姓咸樂其生舊志

譚應奎廣東人建文三年知山陰有治劇才摘發姦蠹吏民不敢欺府志

姜榮峽江人建文三年以試御史出知縣事守官嚴修紀飭法尋擢陝西按察僉事舊志

王耕字舜耕山東單縣人永樂中知山陰有經濟大畧時朝廷徵發旁午耕調劑節約不廢法亦不病民中官鄭和下西洋取寶玉所經輒恣横耕抗言邑産惟布粟寶玉非所有也和遂去

錢浩華亭人宣德閒知山陰抑豪强伸枉滯斷獄平反皆得其情里胥應役有程度治爲一時最邑人有譖其子於鄰邑而誣富室殺之者浩片言折之民不敢欺

周鐸四川大竹人天順初（案舊志作太行人景泰初宏治府志亦作景泰）知山陰外剛內恕好鋤抑豪橫而字細民如子尤加意學校治行蔚然可稱

金爵字良貴綿州人成化中知山陰平易節省無赫赫名而民殊德之時郡多虎獨不入境人以爲異徵擢太僕丞去子獻民官刑部尚書祀名宦

王倬字用檢崑山人成化中知山陰練於政務洞悉下情吏民畏愛官至兵部侍郎祀名宦（案舊志名宦祠條下云官兵部尚書俟攷）

李良字遂之山東人宏治初以進士知山陰才畧過人輕徭節費時運河土塘驟雨即頹水溢害稼且病行旅良設法甃以石

亘五十餘里至今便之以上府志

杜宏河南人宏治間以進士知山陰性慈仁政尚簡易事無鉅細皆聽而平焉有古循良之風舊志

張煥字圭奎太和人正德中以進士知山陰有雅量政先大體丁卯秋海溢死者相枕籍煥躬詣田間力請當道寬其賦且賑之比歲登令民築塘捍海復於上流建扁拖閘蓄洩以時自是少水患尤勤於造士修復稽山書院至今絃續恢宏實其所更始云

顧鐸字孔振山東博興人正德間以進士知山陰嚴明威斷吏不敢爲姦豪右歛迹至今談其政凛然風生

楊行中字惟愼通州人嘉靖間以進士知山陰厚重寬大脫畧苛細雖劇中不懲常度時方懾於前威而行中以簡靜居之

寬猛相濟士民歡洽擢御史歷戶部尚書以上府志

劉昺字晉初鳳陽人嘉靖中以進士知山陰年少而敏剖決無滯牒時當收會弊孔百出昺躬操算簿防範精嚴飛詭頓革瀕海沙田凡千頃歲有穫而無徵額乃請於當道躬往履畝而以無抵稅糧均其內民甚便之視事三年布利剗弊職務舉而公庭燕閒日與諸生攷藝賦詩蓋前後諸令以文雅稱者必推昺焉遷刑部主事舊志參攷府志

許東望字懸齋山東平山衛籍直隸宿松人嘉靖戊戌進士初知山陰政尚寬和民德之如慈父遷戶部郎歷浙江參議會倭寇突擾境內奉檄分守浙東治紹興時方軍興急法煩閭閻騷動東望一切鎮以簡靜愛民下士吏卒無不感恩用命柯亭龕山後梅清風之捷東望皆親冒矢石而與史吳成器賞左右之

以功進按察副使浙江通志祀名宦據栗主補
陳懋觀字孔質長樂人初知會稽數月政聲流布以憂去既除適山陰缺令邑人願得懋觀遂改知山陰為人悃愊無華不騁才智時當葉令貪虐之後賦緩訟簡士民如獲更生嘉靖中循吏以懋觀為最徵拜給事中去越人至今思之有祠在臥龍山麓府志祀名宦據栗主補
徐貞明字伯繼號孺東案明史作儒東貴溪人隆慶五年進士知山陰敏而有惠明史在任五載緩科勸農抑豪强扶善良葺官路築海塘不擾鋪戶不繁差勾不畏勢閥不避上撓及應召去民皆泣送輿馬擁不能行後歷官尚寶少卿今建祠在迎恩門外舊志
毛壽南吳江人以進士知山陰貌溫雅若不勝衣及投以艱鉅毅然無難色遇歲祲道殣相望請蠲稅不得乃停征緩限監司

數讓之弗顧捐廪祿飢者糜之病者藥之時有姦民相聚爲攘奴者斃其渠魁餘黨悉散先是攝印者媚上官詭報完賦會有赦院司據額催解壽南報以實狀卒罷徵越俗仇訟多以殺人誣一訊之家輒破乃先驗屍然後訊由是誣者不行邑餉故有輸勾餘衞所者遠三百里民艱於漕則爲權豐歉議改折復量給程費當路善其議檄他邑通行之天樂鄉民田三萬七千有奇苦江潮衝嚙爲築隄猶山鄭家山等處以捍之民爭趨事不費公帑一緡事竣欲開麻溪壩洩兩盈湖使山會蕭三邑無旱潦會應召不果行治山陰五載拜御史民追思之有祠府志祀名宦據舊志及栗主補

馬如蛟字騰仲和州人天啟二年進士知山陰頗吃於口而斷決如流嘗治海塘修麻溪壩定閘規蓄洩故兩盈湖無惡水又

建義倉立大善社因旱禱雨痛自刻責雨即澍乃建逢年亭於城隍廟朔望率父老諄諄講諭後官御史罷歸流賊至傾貲募得百餘人巷戰殺賊力屈死家屬十四人皆殉贈太僕少卿官一子祀名宦舊志參攷明史

王陞字念生華亭人萬歷丙辰會魁崇禎初知山陰除耗費理冤獄遇歲歉賑飢多所全活掩埋澤枯濬河築塘復捐俸葺文廟建義學嚴月課治行推爲第一歷任太僕寺卿康熙十九年紳士具請崇祀名宦舊志

汪兆元婺源人進士崇禎間知山陰性厚而慈吏役逢迎者或先事密陳不拒亦不問久之察其猾者案之民皆稱快催科逋負者唯諄諄勸諭不先刑士之自好者必厚待之王會新編案婺源志作元兆甲戌進士

應佐江都人自少以志節聞貢入太學適武宗南巡佐抗疏勸返駕禍且叵測佐處之晏如嘉靖中丞山陰清而有執以文學飾吏治遷高陽令去

鞠斌永樂初爲山陰簿性寬仁不施鞭撲而吏不忍欺涖政數月庭無滯獄尋被徵擢

陽春洪武中爲山陰典史清勤有幹局晨起視事日昃未罷惟啜糜而已隆冬無衣長官以衣衣之受而不服其介如此

黃昇四會人永樂初爲典史廉勤不下於春訟平事集人咸惜其位不稱才云

岑子元王會新編作子原南海人永樂初爲錢清北壩官廉介勤敏儆袍蔬食處之怡然政暇必兀坐讀書以上府志祀名宦據栗主補

韓宜可字伯時忠獻公琦之後洪武初以歲貢授山陰文學官

至右副都御史宜可雖以文學名然明習法令歷憲臺多所平反世稱老吏云舊志互見鄉賢卷

何樵字子野長洲人永樂初爲山陰教諭時春秋寡傳授諸生鮮業之者樵盡據其所得爲學者紹述其傳遂不泯諸生思慕之稱何夫子府志

薛正言洪武初詔郡縣立學命采譽望士爲學官正言以鄉人署訓導諸生皆鄉子弟正言視之䛐親執經坐講席爲辨析疑隱發揮宗旨諸生相聽受忻忻如也累官廣東參政應天府尹舊志

王受䛐字子謙郡人兩浙名賢錄山陰人洪武中舉明經爲山陰訓導淹貫經史尤邃於春秋善指授多所發明嘗病傳註煩蕪取諸家疏義折衷之裒爲春秋集說後召入翰林校書受䛐與韓宜可

薛正言先後典學於鄉至今鄉校頌述之府志

國朝

顧予咸字小阮案舊志字松交長洲人順治丁亥進士知山陰縣時越疆新定土賊遍野民稍殷實者出城不數武輒擒去拷掠使贖村落間雖行團練法被毒無虛日城門晝閉金鼓之聲不絶於耳予咸初涖任慨然曰是可撫而定也身攜一二役艤小舟向山寨呼曰願撫者急下賊數十擁至喻以禍福慰遣之仍令率衆來給免死牌於是賊皆稽首雖鄰封劇寇並願受撫山陰前後招徠以十數萬計院司重之卒無掣肘行取陞刑部主事轉吏部稽勳司員外予告歸卒府志祀名宦據栗主補

高登先鍾祥人康熙十三年知山陰山賊竊發攻城城幾陷登先率民守禦卒安堵大清一統志

范其鑄字東巖漢陽人順治戊戌進士康熙十九年知山陰甫下車創修聖學會歲大祲捐俸賑給并勸諭士民設法救濟霪雨害稼躬勘申憲得　題免本年正賦之半民困獲甦邑賦繁又歲苦逋嘗曰追呼過擾徒飽胥吏吾惟以撫字爲催科俾民樂輸卽監司憲使譙讓迭至勿顧也鞫獄務平情片言立解因勘視水災得疾歿於官舊志

楊爲域湖南巴陵人康熙丙戌進士知山陰有單港村漁人網於淵得巨篋二皆金珠釀酒相慶已而捕盜者至跡之爲某案贓皆不勝搒掠自誣服爲域既視事以散飯詣獄中宛轉究詰得其情白於府曰天下豈有剽刦得贓而釀酒相慶者知府曰獄且成矣姑爲君遲之請仍以其篋投水仍以其人網之網之得固大善倘不得君將何辭爲域大喜再拜出無何竟不復得

爲域乃大哭曰天也雖然吾不能明此獄能決此囚哉卽日謝病去比去而盜獲於他所獄乃解徵賦不用鐵票不簿比至期朱書一紙於屏牆民爭趨之夏秋兩季率不過十日畢有醫者入署視疾見葛幃敝簏皆寒士所不堪云

劉晏江南亳州人知縣事廉平不苛聽訟如神民呼爲劉青天

林其茂字培根閩縣人乾隆丙辰進士知山陰在任十餘年不刑罰而民自化建義學於龍山倉帝祠

舒瞻滿州鑲白旗人乾隆丁巳進士知縣事爲治寬厚簡易每縣試列前茅者視猶子弟誘掖不倦陞玉環同知

萬以敦字覺山雲南阿迷州人乾隆二十年知山陰廉正有聲拒賓客絕苞苴人不敢干以私以上府志

附

王自功貫未詳山陰左營都司順治十八年涖任招撫僞官楊君泰等康熙元年鎮守觀海衛捐俸修城歲飢糴穀賑濟全活者千餘人署副將印移駐三江所招撫嵊寇王六韜等七年秋霪雨彌月閘外沙壅不通自功齋戒七日親製文以祭水卽流八年移駐郡城同郡縣調度營房安插兵馬越人安之府志

姚承德字仁齋盛京人順治間以副將鎮紹興時官署在山陰常禧門兵燹之餘特鎮靜慈愛民與兵競多右民罪兵方用師海上偏師直搗巨寇屢奏奇捷性不喜紛華素食學佛人呼爲姚佛子及病且革部院暨廷臣巡撫朱昌祚造臥榻握手慰勞之卒後哭弔者萬計鄉宦張陛捐地鳩貲建祠於臥龍山麓曰永戴祠據舊志祠祀卷補

右名宦

案名宦祠內舊志止載六人今檢點現存栗主共二十二人此二十二人中唐宋兩朝無崇祀者而陳讓余懋孳蕭埀三人祠雖有主而志又無傳皆所未解意木主易於損壞後人以意增補漫無攷覈以致舛淆今悉爲注明他日庶可攷見而祀典攸關亦宜審慎也餘詳壇廟卷中

山陰縣志卷十二